Energieversorgungsprobleme aus raumökonomischer Sicht

CIP-Kurztitelaufnahme der Deutschen Bibliothek

Energieversorgungsprobleme aus raumökonomischer Sicht:
Beitr. zur energiewirtschaftlichen Raumentwicklung mit e.
Modellanalyse/(zu den Autoren dieses Bd.
Willi Guthsmuths; Friedrich Hösch; Hans Mayer;
Josef Frohnholzer).
– Hannover: Schroedel, 1978.
  (Veröffentlichungen der Akademie für Raumforschung
  und Landesplanung: Forschungs- und Sitzungsberichte;
  Bd. 124
  ISBN 3-507-91478-6

NE: Hösch, Friedrich (Mitarb.); Mayer, Hans (Mitarb.);
Frohnholzer, Josef (Mitarb.)

VERÖFFENTLICHUNGEN
DER AKADEMIE FÜR RAUMFORSCHUNG UND LANDESPLANUNG

Forschungs- und Sitzungsberichte
Band 124

Energieversorgungsprobleme aus raumökonomischer Sicht

— Beiträge zur energiewirtschaftlichen Raumentwicklung mit einer Modellanalyse —

HERMANN SCHROEDEL VERLAG KG · HANNOVER · 1978

IV

INHALTSVERZEICHNIS

		Seite
Willi Guthsmuths, München	Vorwort	VII
Friedrich Hösch und Hans Mayer, München	Der Stellenwert der Energieversorgung im Rahmen der infrastrukturellen Grundausstattung	1
Josef Frohnholzer, München	Energiewirtschaftliche Strukturprobleme bei ausgewählten Raummodellen	57

Zu den Autoren dieses Bandes

Willi Guthsmuths, Prof. Dr. rer. pol., 76, Staatssekretär a. D., Honorarprofessor für Betriebswirtschaftspolitik der Universität München, Ordentliches Mitglied der Akademie für Raumforschung und Landesplanung.

Friedrich Hösch, Dr. rer. pol., Dipl.-Ing., Dipl.-Wirtsch.-Ing., 43, Wissenschaftlicher Rat am Lehrstuhl für Volkswirtschaftslehre der TU München, Korrespondierendes Mitglied der Akademie für Raumforschung und Landesplanung.

Hans Mayer, Dr. oec. publ., 36, Oberregierungsrat im Bayrischen Staatsministerium für Wirtschaft und Verkehr, Lehrbeauftragter an der Universität München.

Josef Frohnholzer, Dr.-Ing., 63, Leitd. Angestellter im Büro München der Energietechnik GmbH, Studiengesellschaft für Energie-Umwandlung, -Fortleitung und -Anwendung.

Best.-Nr. 91478
ISBN 3-507-91478-6

Alle Rechte vorbehalten · Hermann Schroedel Verlag KG Hannover · 1978
Gesamtherstellung: Th. Schäfer Druckerei GmbH, Hannover
Auslieferung durch den Verlag

Vorwort

Nach einer längere Zeit genutzten Systematik der Raumforschung durch die Akademie für Raumforschung und Landesplanung (ARL) gehören die Beiträge von Dr. F. Hösch, Dr. H. Mayer und Dr. F. Frohnholzer zur energiewirtschaftlichen Raumentwicklung – mit einer Modellanalyse – im weitesten Sinne zum Forschungsbereich „Raum und Energie". Der in der Sektion II der Forschungseinrichtungen der ARL verankerte Arbeitskreis „Standorte und Trassen für Energieanlagen" entwickelte unter der Leitung von Dr.-Ing. E. h. H. Meysenburg die Themenstellung, die mit der Formulierung „Energieversorgungsprobleme aus raumökonomischer Sicht" ihren Niederschlag gefunden hat, nachdem in diesem Arbeitskreis über den Inhalt dieser Beiträge wiederholt diskutiert worden ist. Informativ gilt das auch für die LAG Bayern.

Der tragende Grundbegriff „Energieversorgungsprobleme" macht es notwendig, auf die in den Beiträgen angewandte Sprachregelung kurz einzugehen. Die Autoren gehen davon aus, daß die Energieversorgung die Erzeugung und die Verteilung beinhaltet. In diesem Sinne benutzt, konnte in den Gedankenführungen, wenn mitunter auch im Gegensatz zu den in den öffentlichen Diskussionen gebrauchten Begriffen wie Energiekrise, Ölkrise oder schlechthin auch Energieversorgungskrise, auf terminologische Unterscheidungen über Art und Wirkung des Faktors „Ölkrise" verzichtet werden. Insoweit deckt sich die Grundlegung der Aufgabenstellung mit der Feststellung, daß der Krisenzustand 1973/74 auf die außenwirtschaftlichen Abhängigkeiten im Bereich der Rohölversorgung zurückzuführen war. Preis und mengenpolitische Maßnahmen der Erzeugerländer führten zu Spannungen im Absatzgefüge der freien Marktwirtschaften in den Verbraucherländern. So gesehen handelte es sich genaugenommen um eine Rohölversorgungskrise, allerdings – unter Berücksichtigung des hohen Stellenwerts des Öls in den Technologien der hochentwickelten Industriestaaten – mit einschneidenden Folgeerscheinungen in nahezu allen Wirtschaftszweigen. Daß es umfassend war und daß es trotz aller Sparmaßnahmen und der Suche nach Ausgleichs- bzw. Ersatzstoffen bis hin zu neuen Energietechnologien noch längere Zeit so bleiben dürfte, zeigen sowohl die volks- als auch die betriebswirtschaftlichen Untersuchungen über den Stellenwert der Energieversorgung im Rahmen der infrastrukturellen Grundausrüstung von F. Hösch und H. Mayer. Auch der seiner ganzen Anlage nach berichtende Beitrag von F. Frohnholzer über die energiewirtschaftlichen Strukturprobleme bei den ausgewählten Raummodellen im Freistaat Bayern läßt diese Entwicklungstendenz erkennen.

Zudem belegen das die Autoren unter den Aspekten von Theorie und Empirie mit einschlägigen Literaturhinweisen und Quellenmaterial. Darüber hinaus soll aus Gründen des Versuchs, den Literaturüberblick soweit als irgend möglich zu vervollständigen, auf weiterführende Quellen hingewiesen werden. So sind z. B. die Beiträge „Zur Standortproblematik in der regionalen Energiewirtschaft – mit besonderer Berücksichtigung der Landesentwicklung in Bayern –", erschienen 1972 als Band 82 der Forschungs- und Sitzungsberichte der ARL, dem damaligen Stand der energiewirtschaftlichen Raumforschung entsprechend, mit Literatur- und Quellenangaben ausgestattet. Als eine nicht zu übersehende wissenschaftliche Bereicherung des gesamten Forschungsbereichs

„Raum und Energie" muß an dieser Stelle jedoch mit besonderer Betonung auf das vielseitige und vielschichtige Informationsmaterial hingewiesen werden, das im Informationsbrief 3/77 des Bundesministers für Forschung und Technologie zusammengestellt worden ist. Es handelt sich zugleich um die amtlichen Veröffentlichungen des Bundesforschungsministeriums, und es bringt u. a. auch eine Darstellung des Programms „Energieforschung und Energietechnologie 1977–1980".

Zum Vorwort gehört schließlich noch ein Hinweis auf den zeitlichen Ablauf der Arbeiten. Die Manuskripte wurden im Juli und August 1977, mit anschließender Schlußformulierung in der Autorengruppe im September, abgeschlossen. Die Arbeitsergebnisse sollen jedoch nicht ohne eine für die gewählte Raumanalyse – Freistaat Bayern – wichtige Entscheidung vorgelegt werden. Die bayerische Staatsregierung hat Anfang Oktober 1977 einem Standortsicherungsplan für konventionelle Kraftwerke und Atomanlagen – von Staatsminister für Wirtschaft und Verkehr A. JAUMANN vorgelegt – zugestimmt, der dem Landesplanungsbeirat zur Stellungnahme zugeleitet worden ist. Außerdem werden Stellungnahmen der Bezirksregierungen, der kommunalen Spitzenverbände und der regionalen Planungsverbände eingeholt werden. Die zur Sicherung vorgeschlagenen Standorte stehen in dieser Vorwortbetrachtung weniger im Vordergrund, mehr aber die energiewirtschaftliche und energieplanerische Zielsetzung mit ihrer landesplanerischen Entwicklungstendenz. So liegt dem Standortsicherungsplan – nach Nordrhein-Westfalen und Baden-Württemberg hat nun auch Bayern dieses Raumordnungsinstrument – der voraussichtliche Leistungsbedarf an Elektrizität bis zum Jahre 1995 zugrunde. Zu diesem Zeitpunkt wird in Bayern planungsgemäß mit einer Kraftwerkskapazität von 25 000 bis 30 000 Megawatt gerechnet. Da die gegenwärtige Kraftwerksleistung bei rd. 11 000 Megawatt und die aus den im Bau befindlichen Kraftwerken und Anlagen bei rd. 5000 Megawatt liegt, werden weitere Kraftwerksneubauten in der Größenordnung von 8000 bis 11 000, so die bayerischen Planvorstellungen, für erforderlich gehalten.

Im Blickfeld der vorliegenden Untersuchungen, insbesondere der Darstellung der Standortorientierung, liegt u. a. die Absicht, nach dem heutigen Erkenntnisstand Standorte zu sichern, die in eine Standortwahl für thermische Kraftwerke einbezogen werden könnten. Die letzte Entscheidung über die Standortbestimmung fällt aber erst – vornehmlich bei Kernkraftwerken, wie auch die Erfahrung in den anderen Bundesländern zeigt – im Genehmigungsverfahren. Standortsicherung bedeutet also nicht mehr und nicht weniger, als daß keine Planungen realisiert werden können, die dem Betrieb eines thermischen Kraftwerks entgegenstehen würden. So gesehen dürfte ein Standortsicherungsplan dazu beitragen, das Genehmigungsverfahren zu beschleunigen, das Planungsrisiko zu vermindern und die öffentliche Standortdiskussion zu versachlichen. Das atomrechtliche Genehmigungsverfahren unterscheidet sich damit deutlich von der Standortsicherung. Sie ist somit als Faktor der räumlichen Ordnung definiert und mit diesem Ordnungswert in das System der Raumwirtschaftstheorie einzugliedern. Die landesplanerische Praktikabilität hängt von den Landesplanungsgesetzen und auch von den Landesentwicklungsprogrammen der Länder ab. Damit soll die vorwortliche Einführung abgeschlossen sein.

München, im Februar 1978 *Willi Guthsmuths*

Der Stellenwert der Energieversorgung im Rahmen der infrastrukturellen Grundausstattung

von
Friedrich Hösch und Hans Mayer, München

I. Ziel der Untersuchung

II. Die Bedeutung der Energieversorgung für hochindustrialisierte Volkswirtschaften
   1. Der Bedeutungswandel der Energieversorgung seit der Energiekrise 1973/74
   2. Wirtschaftswachstum und Energieverbrauch
   3. Prognosen der Energiebedarfsentwicklung in der Bundesrepublik Deutschland

III. Allgemeine Ziele der Energieversorgung im Leitbild der Infrastruktur
   1. Die Energieversorgung als Teilbereich der Infrastruktur
   2. Ziele der Energieversorgung im Landesentwicklungsprogramm Bayern
   3. Beurteilung der energiewirtschaftlichen Zielsetzungen im Landesentwicklungsprogramm Bayern unter regionalpolitischen Aspekten

IV. Energieversorgung als Standortfaktor
   1. Kriterien der unternehmerischen Standortwahl
   2. Die Bedeutung der Energie für die Standortwahl

V. Probleme regionaler Disparitäten in der Energieversorgung der Bundesrepublik Deutschland

VI. Literaturverzeichnis – Anlagen

I. Ziel der Untersuchung

Bald nach dem Zweiten Weltkrieg wurde die Energie in der Bundesrepublik Deutschland – wie in den meisten Ländern der westlichen Welt – als ein Faktor angesehen, der keiner besonderen wirtschaftspolitischen Aufmerksamkeit bedurfte. Energie stand in verschiedenen Arten meist reichlich und preisgünstig zur Verfügung. Da aus diesem Grunde die Verbraucher die Energienachfrage primär auf die billigsten und am bequemsten zu handhabenden Energieträger, nämlich Mineralöl und Erdgas, richteten, konnte sich die Energiepolitik der Bundesrepublik Deutschland weitgehend darauf beschränken, die Anpassung der heimischen Energieträger an die veränderte Nachfragesituation möglichst reibungslos zu vollziehen.

Die damit verbundene zunehmende Abhängigkeit vom ausländischen Energiedargebot wurde der deutschen Bevölkerung während der sog. Energiekrise um die Jahreswende 1973/74 plötzlich und mit aller Deutlichkeit bewußt. Wenn auch rasch klar wurde, daß es sich dabei mehr um ein Preis- als um ein Mengenproblem handelte, zeigte sie für die Länder der westlichen Welt die Notwendigkeit auf, neue Aktivitäten in der Energiepolitik zu entwickeln.

Die Energiepolitik der Bundesrepublik Deutschland – wie die anderer Staaten – orientiert sich verständlicherweise an gesamtwirtschaftlichen Daten, d. h. sie geht bei ihren Entscheidungen davon aus, welche Energieträger in welchen Mengen für eine sichere Energieversorgung des Landes in Zukunft erforderlich sind. Bei vielen staatlichen Instanzen und weiten Kreisen der Bevölkerung wird dabei allerdings übersehen, daß Energieversorgungsanlagen eine lange Ausreifungszeit besitzen. So muß z. B. bei Kraftwerken von der Planung bis zur Abgabe von elektrischer Leistung an das Netz im Zeitpunkt unserer Untersuchung mit einer Zeitspanne von ungefähr 10 Jahren gerechnet werden. Trotzdem wird aber häufig offen oder unausgesprochen die Meinung vertreten, Mangelsituationen in der Energieversorgung könnten – wie in anderen Bereichen der Wirtschaft auch – relativ kurzfristig bereinigt werden, so daß über die Konsequenzen möglichen Energiemangels keine allzu großen Sorgen am Platze seien.

In diesem Teil der Darstellung der Energieversorgungsprobleme soll dennoch die Bedeutung der Energieversorgung für die wirtschaftliche Entwicklung einer hochindustrialisierten Volkswirtschaft herausgearbeitet werden, wobei besonderes Gewicht auf den Stellenwert der Energieversorgung im Rahmen der infrastrukturellen Grundausstattung gelegt wird. Es wird dabei folgendermaßen vorgegangen:

Im ersten Hauptabschnitt wird nach einer Skizzierung des Bedeutungswandels der Energieversorgung seit der Energiekrise der Zusammenhang zwischen der Energieversorgung und dem Wirtschaftswachstum herausgestellt. Wenn auch längerfristig der sog. Energiekoeffizient gedrückt werden kann, so ist doch das zur Lösung zahlreicher wirtschaftlicher und gesellschaftlicher Probleme auch künftig erforderliche wirtschaftliche Wachstum ohne einen weiter steigenden Energieeinsatz nicht möglich. Zur Verdeutlichung dieser Zusammenhänge und Probleme scheint es auch zweckmäßig zu sein, insbesondere die „amtliche" Prognose über den künftigen Energiebedarf in der Bundesrepublik Deutschland sowie die Möglichkeiten seiner Deckung anzuführen, um kenntlich zu machen, wie die künftige Versorgungssituation mit Energie zu beurteilen ist.

Im zweiten Hauptabschnitt wird auf die Bedeutung der Energieversorgung als allgemeine oder generelle Infrastrukturleistung hingewiesen. Der zentralen Bedeutung wegen, die der Energieversorgung in hochindustrialisierten Volkswirtschaften zukommt, ist es auch interessant zu verfolgen, welche Ziele die wirtschaftspolitischen Institutionen in der Energiepolitik anstreben. Es wird dabei speziell auf die im Landesentwicklungsprogramm Bayern[1]) enthaltenen energiepolitischen Ziele Bezug genommen. Damit wird aber gleichzeitig noch eine andere Dimension der Energieversorgung angesprochen, die bei der üblichen globalen Betrachtung der Energie meist unberücksichtigt bleibt, nämlich die regionale Dimension. Wenn die Bundesenergiepolitik auch die globale Energieversorgung der Bundesrepublik Deutschland in Zukunft sicherzustellen vermag, so können durchaus regionale Probleme auftreten, die auch durch die Verbundsysteme für die verschiedenen Energieträger nicht ausgeglichen werden können. Regionale Versorgungsdefizite zeigen jedoch die qualitativ gleichen ökonomischen Auswirkungen wie globale Defizite.

Zur regionalen Dimension der Energieversorgung gehört auch die Energie als Standortfaktor, deren Bedeutung im dritten Hauptabschnitt untersucht wird. Denn die Auffassung, daß die Energie für die Industrie nicht mehr standortbildend sei, dürfte nach der explosionsartigen Erhöhung der Energiepreise kaum noch zu halten sein. Von besonderer Bedeutung sind in diesem Zusammenhang die immer noch vorhandenen regionalen Disparitäten in der Energieversorgung der Bundesrepublik Deutschland, die nicht unerheblich zur räumlichen Differenzierung beitragen.

II. Die Bedeutung der Energieversorgung für hochindustrialisierte Volkswirtschaften

1. Der Bedeutungswandel der Energieversorgung seit der Energiekrise 1973/74

Nach der physikalischen Definition ist Energie die Fähigkeit, Arbeit zu leisten[2]). Bereits aus dieser allgemeinen Umschreibung des Energiebegriffs läßt sich unmittelbar die Schlüsselrolle der Energie für die Zukunft der Menschheit, insbesondere für die künftige Entwicklung hochindustrialisierter Volkswirtschaften ableiten, weil die menschliche Existenz ohne Arbeit nicht möglich ist. So muß einerseits zur Deckung des steigenden Bedarfs an Waren und Dienstleistungen immer mehr Arbeit geleistet werden, während sich andererseits die menschliche Arbeit zunehmend auf geistige Tätigkeiten konzentriert. Diese Erkenntnisse haben dazu geführt, daß nach Ansicht einzelner Autoren neben die drei traditionellen volkswirtschaftlichen Produktionsfaktoren, nämlich Arbeit, Boden und Kapital, die Energie als vierter Produktionsfaktor hinzugetreten ist[3]).

Die Verfügbarkeit über Energie stellt somit für die Existenz und Fortentwicklung einer modernen Industriegesellschaft eine der wichtigsten Voraussetzungen dar[4]). Industrielle, gewerbliche und landwirtschaftliche Produktion sind ebenso wie die Erstellung von Dienstleistungen nur durch eine ausreichende und sichere Energieversorgung zu verwirklichen. Wirtschaftliche Expansion, parallel dazu die Verbesserung des Lebensstandards und der Lebensbedingungen des einzelnen, sind abhängig von der Versorgung mit

---

[1]) Der Freistaat Bayern steht hier und später im 2. Beitrag dieser Untersuchung im Sinne eines energiewirtschaftlichen Raummodells mit den ausgewählten bayerischen Regionen.

[2]) Vgl. z. B. H. FRANKE (Hrsg.): Lexikon der Physik, Stuttgart 1969, S. 401.

[3]) Vgl. hierzu etwa W. J. MÜCKL: Die Auswirkungen der Energieverteuerung auf die Wirtschaft der Bundesrepublik. In: Der Bürger im Staat (1976) 1, S. 4.

[4]) Vgl. dazu beispielsweise, was K. FÖRSTER über die Energiewirtschaft als Grundlage der modernen Wirtschaft schreibt, in: Allgemeine Energiewirtschaft, 2. Aufl. Berlin 1973, S. 15 ff. und S. 166 ff.

Energie. Auch die vor uns liegenden Probleme der Reinhaltung des Wassers und der Luft oder der Versorgung einer immer größer werdenden Zahl von Menschen mit Nahrung und Rohstoffen lassen sich nur bewältigen, wenn genügend Energie zur Verfügung steht.

Mit dem technischen Fortschritt, mit dem Wandel der Produktionsmethoden, die insbesondere die fortschreitende Substitution des Produktionsfaktors Arbeit durch den Produktionsfaktor Kapital und damit eine weitgehende Mechanisierung und Automatisierung bedingen, nimmt der Verbrauch und damit die Bedeutung der Energie im industriellen Sektor weiterhin zu. Die für die Zukunft zu erwartende weitere Steigerung des gesamten Energieverbrauchs ist allerdings nicht allein eine Folge der technischen Entwicklung im industriellen Bereich, sondern vor allem auch den zunehmenden Komfortansprüchen des einzelnen im privaten Bereich zuzurechnen. Während sich der gesamte Endenergieverbrauch in der Bundesrepublik Deutschland in etwa 19 Jahren verdoppelt hat, lag der Verdoppelungszeitraum für den Verbrauchssektor Haushalte und sonstige Kleinverbraucher wie für den Sektor Verkehr bei weniger als 15 Jahren gegenüber rund 25 Jahren bei der Industrie. Im Jahre 1975 betrug der Anteil der einzelnen Verbrauchssektoren am gesamten Endenergieverbrauch in der Bundesrepublik Deutschland in Höhe von 234,0 Mio. t SKE:[5)]

Haushalte und sonstige Kleinverbraucher	103,8 Mio. t SKE (44,4%),
Industrie	84,0 Mio. t SKE (35,9%),
Verkehr	46,2 Mio. t SKE (19,7%).

An dieser Struktur dürfte sich nach den vorliegenden Prognosen auch bis 1985/1990 nichts Wesentliches ändern[6)].

Die vorstehend skizzierte Bedeutung der Energie für alle Bereiche unserer Volkswirtschaft war einem großen Teil der Öffentlichkeit bis vor kurzem nicht bewußt; die Versorgung mit Energie war zur Selbstverständlichkeit geworden. Energie war zudem billig; ihr Anteil an den Ausgaben der privaten Haushalte[7)] oder an den Produktionskosten industrieller Betriebe war, von einigen energieintensiven Wirtschaftszweigen abgesehen, vergleichsweise gering[8)]. Seit der Energiekrise des Winters 1973/74 wird – teilweise muß aber leider bereits wieder von „wurde" gesprochen werden – einer ausreichenden und sicheren Energieversorgung zu angemessenen Preisen nicht nur von Fachleuten, sondern auch von einer breiten Öffentlichkeit ein wesentlich höherer Stellenwert beigemessen als in früheren Jahren. Die Energiepolitik und -planung hat seither eine völlig andere Dimension erhalten. Neben dem Mengenaspekt dieser Krise mit den daraus folgenden Verknappungserscheinungen bei der Rohölversorgung, die speziell in der Bundesrepublik Deutschland

---

[5)] Vgl. den Beschluß des Bundeskabinetts vom 23.3.1977 über die „Grundlinien und Eckwerte für die Fortschreibung des Energieprogramms". In: Bulletin des Presse- und Informationsamtes der Bundesregierung, Nr. 30 vom 25.3.1977, S. 268 (im folgenden zitiert als „Grundlinien und Eckwerte").

[6)] Näheres hierzu Abschnitt II/3.

[7)] So lagen die durchschnittlichen Ausgaben der privaten Haushalte für Elektrizität, Gas und Brennstoffe in der Bundesrepublik Deutschland im Jahre 1969 bei 4,4% und 1972 bei 5,3%. Bis 1974 stieg dieser Anteil aufgrund des stark gestiegenen Energiepreisniveaus als Folge der Ölkrise um weitere 2 Prozentpunkte auf 7,3% an; vgl. Deutsches Institut für Wirtschaftsforschung: Gutachten im Auftrage des Bayerischen Staatsministeriums für Wirtschaft und Verkehr, Teil III: Ziele für eine bayerische Energiepolitik, Berlin 1975, S. 236.

[8)] Auf den Anteil der Energiekosten an den Gesamtkosten einzelner Wirtschaftszweige und deren regionalwirtschaftliche Bedeutung wird in Abschnitt IV/2 noch im einzelnen einzugehen sein.

mit ihrer grundsätzlich liberalen Energiepolitik vergleichsweise schnell und problemlos überwunden werden konnten, zeitigte bisher vor allem der Preisaspekt dieser Krise tiefgreifende Auswirkungen, die weit über den Energiebereich hinausreichen und erhebliche Konsequenzen für die gesamte Weltwirtschaft und Weltpolitik hatten und noch haben.

Die gegenwärtige Situation der Energieversorgung der Bundesrepublik Deutschland, wie sie sich einer breiten Öffentlichkeit darstellt, ist gekennzeichnet durch ein reichliches Energieangebot bei allerdings relativ hohen Preisen. Energie scheint heute angesichts zunehmender Kohlehalden und unzureichend ausgelasteter Raffineriekapazitäten wieder im Überfluß vorhanden zu sein; die Erfahrungen der Ölkrise sind heute von einem großen Teil der Bevölkerung offensichtlich bereits wieder vergessen, wie auch viele Äußerungen im Zusammenhang mit der Diskussion um den Bau von Energieversorgungsanlagen, speziell von Kernkraftwerken, erkennen lassen.

Die Zukunftsprobleme unserer Energieversorgung sind aber keineswegs Probleme des Überflusses, sondern Probleme, die aus einer Energieknappheit bei einer weiter hoch bleibenden Unsicherheit unserer Energieversorgung resultieren[9]. Die momentan augenscheinlich günstige Lage oder der Energieminderverbrauch der Jahre 1974 und 1975 sollten darüber nicht hinwegtäuschen. Bereits 1976 hat der Primärenergieverbrauch in der Bundesrepublik Deutschland mit der Erholung der Konjunktur und bei einem Anstieg des Brutto-Inlandsprodukts von rd. 5,6 % mit rd. 6,6 % (der Stromverbrauch sogar mit rd. 8 %) wieder vergleichsweise stark auf eine Gesamtverbrauchsmenge von 370,7 Mio. t SKE (nach 347,7 Mio. t SKE im Jahre 1975) zugenommen, und auch 1977 muß mit einem weiteren Energieverbrauchszuwachs gerechnet werden. Die Aufteilung des Primärenergieverbrauchs im Jahre 1976 auf die einzelnen Energieträger zeigt dabei folgendes Zahlenbild[10]:

Energieträger	Mio. t SKE	%
Mineralöl	197,0	53,1
Steinkohle	70,0	18,9
Braunkohle	37,5	10,1
Erdgas	51,5	13,9
Kernenergie	8,0	2,2
Wasserkraft, Außenhandelssaldo Strom	4,6	1,2
Sonstiges	2,1	0,6
Insgesamt	370,7	100,0

Von ihrem Energiebedarf muß die Bundesrepublik Deutschland derzeit (netto) rd. 56 % durch Importe decken; bei Mineralöl, dem mit Abstand wichtigsten Energieträger,

---

[9] Vgl. hierzu etwa Bundesministerium für Wirtschaft (Hrsg.): Erste Fortschreibung des Energieprogramms der Bundesregierung, Bonn 1974. In den am 23.3.1977 vorgelegten „Grundlinien und Eckwerte für die Fortschreibung des Energieprogramms" heißt es u. a.: „Das zentrale Problem der deutschen Energiepolitik, die Sicherheit der Versorgung, besteht seit der Ersten Fortschreibung des Energieprogramms mit unverminderter Schärfe"; Grundlinien und Eckwerte, a. a. O., S. 266.

[10] Nach vorläufigen Berechnungen der Arbeitsgemeinschaft Energiebilanzen, abgedruckt in: Kohle und Heizöl, (1977) 2, S. 29.

sind es sogar über 95 %. Die Probleme, die aus einer solch hohen Einfuhrabhängigkeit resultieren, welche sich zudem noch auf relativ wenige Staaten konzentrieren (OPEC-Länder), hat die jüngste Versorgungskrise deutlich gemacht.

Die Zuwachsraten des Energieverbrauchs werden, wie auch die neuen von den wirtschaftswissenschaftlichen Forschungsinstituten erarbeiteten Gutachten zeigen[11]), die als Basis für die Zweite Fortschreibung des Energieprogramms der Bundesregierung dienen und auf die in Abschnitt II/3 noch näher eingegangen wird, in Zukunft sicherlich geringer ausfallen als in der Vergangenheit. Die Ursachen hierfür liegen vor allem darin begründet, daß das durchschnittliche jährliche Wirtschaftswachstum künftig wohl schwächer sein wird und weil höhere Energiepreise, ergänzt durch gezielte energiepolitische Maßnahmen, eine rationellere Energieverwendung mit sich bringen werden. Trotzdem wird es in den nächsten 20 Jahren notwendig sein, das Welt-Energieangebot nochmals zu verdoppeln, um den Lebensstandard in der Welt wenigstens auf dem gegenwärtigen Niveau zu halten[12]). Eine spürbare Verbesserung des Lebensstandards, vor allem in den Entwicklungsländern, läßt sich aller Wahrscheinlichkeit nach sogar nur mit einem noch stärkeren Energieverbrauchszuwachs erreichen. Die Weltenergiemärkte werden schon bald wieder durch Energieverknappung und weiter steigende Preise gekennzeichnet sein.

Hinzu kommen speziell für die Bundesrepublik Deutschland folgende Fakten[13]):
— Das Öl ist und bleibt auf absehbare Zeit der Hauptenergieträger der westlichen Welt.
— Da die Bundesrepublik Deutschland fast zwei Drittel (brutto) der von ihr benötigten Energie und – darin enthalten – rd. 95 % des Öls importieren muß, gleichzeitig aber auf absehbare Zeit keine Chance besteht, diese Abhängigkeit deutlich zu verringern, wird sich ihre ökonomische Leistungsfähigkeit somit im wesentlichen auf den Welt-Energiemärkten entscheiden. Die Entwicklungen auf diesen Energiemärkten werden Ausgangspunkt für nationale energiewirtschaftliche und energiepolitische Planungen und Maßnahmen sein müssen.

Welche Aussichten bestehen nun generell, den künftigen Energiebedarf zu decken[14])? Untersuchungen lassen erkennen, daß von den geologischen Reserven her zunächst kein Anlaß besteht, eine gravierende Energielücke befürchten zu müssen. So belaufen sich nach einem Gutachten der Bundesanstalt für Geowissenschaften und Rohstoffe[15]) von Ende 1976 die Weltreserven an fossilen Brennstoffen auf rd. 12 500 Mrd. t SKE (bei einem

---

[11]) Vgl. Deutsches Institut für Wirtschaftsforschung, Berlin/Energiewirtschaftliches Institut an der Universität Köln/Rheinisch-Westfälisches Institut für Wirtschaftsforschung, Essen: Die künftige Entwicklung der Energienachfrage in der Bundesrepublik Deutschland und deren Deckung, Teil I, Berlin/Essen/Köln 1977 (im Folgenden zitiert als „Gemeinschaftsgutachten").

[12]) Vgl. W. OEHME: Hat die Ölindustrie noch eine Zukunft? In: Mineralöl-Rundschau 24 (1976) 9, S. 158.

[13]) Vgl. hierzu auch W. OEHME, a. a. O., S. 157 f.

[14]) Einen guten Überblick über die künftige Weltenergiesituation gibt auch die jüngste Studie der Exxon Corporation: World Energy Outlook. Exxon Background Series (1977) 4, New York 1977, sowie die Studie der OECD über „Perspektiven der Energieversorgung bis 1985. Langfristige Probleme der Energieversorgung und ihre Konsequenzen", Zusammenfassung, hrsg. vom Bundesministerium für Wirtschaft, Bonn 1975.

[15]) Vgl. Bundesanstalt für Geowissenschaften und Rohstoffe: Die künftige Entwicklung der Energienachfrage und deren Deckung – Perspektiven bis zum Jahr 2000, Abschnitt III: Das Angebot von Energie-Rohstoffen, Hannover 1976, S. 2 ff. und S. 33 ff.

derzeitigen Weltenergieverbrauch von rd. 8,1 Mrd. t SKE p. a.). Hiervon sind nach heutigem Stand der Technik knapp 900 Mrd. t SKE ökonomisch gewinnbar.

Von diesen entfallen
- 545 Mrd. t SKE oder 61,5% auf Kohle,
- 245 Mrd. t SKE oder 27,7% auf Öl[16]) und
- 96 Mrd. t SKE oder 10,8% auf Erdgas.

Als „vermutlich technisch gewinnbar" werden demgegenüber Vorräte an fossilen Energie-Rohstoffen in Höhe von rd. 3320 Mrd. t SKE angegeben. Von diesen entfallen
- 1848 Mrd. t SKE oder 55,6% auf Kohle,
- 1163 Mrd. t SKE oder 35,0% auf Öl[16]) und
- 313 Mrd. t SKE oder 9,4% auf Erdgas.

Bemerkenswert ist dabei, daß rd. 50% der nachgewiesenen Kohlereserven in der UdSSR und rd. 90% in den drei Staaten UdSSR, USA und VR China liegen. Sehr einseitig über die Erde verteilt sind auch die Erdölvorkommen; über die Hälfte der sicheren und ausbeutbaren Vorkommen liegen um den persischen Golf.

Die insgesamt vorhandenen Weltvorräte an nuklearen Brennstoffen in Form von Uran und Thorium belaufen sich nach demselben Gutachten auf umgerechnet 148×10^{15} t SKE; hiervon sind voraussichtlich rd. 330 Mrd. t SKE in Form von Uran, also rund zwei Fünftel der vergleichbaren fossilen Vorräte – ohne Berücksichtigung der Brütertechnologie – unter heutigen Verhältnissen ökonomisch gewinnbar[17]).

Von der Summe der natürlichen Reserven her gesehen wäre somit die Deckung des Energiebedarfs auf absehbare Zeit kein so gravierendes Problem. Diese grundsätzliche Aussage schließt regionale und zeitliche Friktionen in der Energieversorgung allerdings keineswegs aus[18]). Die Schwierigkeiten liegen dabei vor allem in der Struktur der Nachfrage nach Energieträgern, die erheblich von der Struktur der Energiereserven abweicht, in der regionalen Differenzierung der Zentren von Energieangebot und Energienachfrage, in der Verfügbarkeit der Energiereserven unter politischen Gesichtspunkten, in der Erschließung der Reserven unter Investitions- und Kostengesichtspunkten und nicht zuletzt in den Problemen, denen – gerade in der Bundesrepublik Deutschland – der Aus- und Neubau von Energieversorgungsanlagen aller Art z. B. durch die Widerstände von Bürgerinitiativen begegnet. Gerade dieser zuletzt angesprochene Aspekt führt über die Diskussion der Frage nach der Notwendigkeit des Baues solcher Anlagen und der dabei verbreitet erhobenen Forderung[19]) nach einer Einschränkung des Energieverbrauchs zu grundsätzlichen wirtschaftspolitischen Fragen, die für die Zukunft hochindustrialisierter Volkswirtschaften von entscheidender Bedeutung sind. Darauf soll im folgenden Abschnitt kurz eingegangen werden.

---

[16]) Einschließlich Ölsande und Ölschiefer.

[17]) Vgl. Bundesanstalt für Geowissenschaften und Rohstoffe, a. a. O., S. 5 und S. 274 ff.

[18]) Vgl. Deutsches Institut für Wirtschaftsforschung, Gutachten Teil III, a. a. O., S. 11 ff., insbes. S. 57 ff.

[19]) So heißt es in den „Grundlinien und Eckwerte ...", a. a. O., S. 266, u. a.: „In den letzten Monaten hat die Debatte den energiepolitischen Rahmen gesprengt. Die Notwendigkeit des Zuwachses des Energieverbrauchs wird in Frage gestellt, seine scharfe Reduzierung wird verlangt. Die Fragestellung wird auch auf die Notwendigkeit des gesamtwirtschaftlichen Wachstums ausgeweitet. Die Diskussion, insbesondere um die Kernenergie, hat eine politisch-moralische Dimension angenommen ...".

2. Wirtschaftswachstum und Energieverbrauch

Zivilisatorischer Fortschritt, Wirtschaftswachstum bzw. weiter steigender Lebensstandard bedingen in hochindustrialisierten Volkswirtschaften auf absehbare Zeit einen weiter steigenden Energieverbrauch. Denn „praktisch alle Aktivitäten und Investitionen in der Volkswirtschaft sind mit dem Einsatz von Energie verbunden"[20]). Durch sparsameren Energieverbrauch und Ausnutzung ökonomisch sinnvoller, technischer Möglichkeiten zur rationellen Energieverwendung könnten bis Ende der achtziger Jahre – bei gleichbleibenden Ansprüchen an Sozialprodukt und Komfortbedürfnissen – schätzungsweise 10–15 % des Energiebedarfs eingespart werden, was insgesamt nur eine gewisse Reduzierung des Energieverbrauchszuwachses bewirken würde. Längerfristig sind allerdings entscheidende Verringerungen des Energieverbrauchszuwachses auf diesem Wege erreichbar.

Es kann davon ausgegangen werden, daß in der Bundesrepublik Deutschland in den nächsten Jahren ein reales gesamtwirtschaftliches Wachstum von durchschnittlich 4 % p. a. erforderlich ist[21]). Ein vereinzelt gefordertes „Nullwachstum"[22]) stellt bei den gegebenen Strukturen der in dieser Untersuchung angesprochenen Volkswirtschaften auf absehbare Zeit keine wünschbare und praktizierbare Strategie dar. Es ist zudem fraglich, ob ein Nullwachstum einer Volkswirtschaft auf Dauer überhaupt möglich wäre. Wahrscheinlicher wäre wohl, daß es bei einem relativ rasch angestrebten Übergang zu einem Nullwachstum – abgesehen von gravierenden Umstellungs- und Anpassungsprozessen in der Wirtschaft – zu krisenhaften Entwicklungen (Depression) kommen würde[23]). Im übrigen wäre es ein Trugschluß, zu glauben, daß bei einem Nullwachstum die Probleme der Begrenztheit der natürlichen Ressourcen gelöst wären. Auch bei einer konstanten (Gesamt-)Produktion werden die Rohstoffe und Energievorräte der Erde erschöpft, nur eine ungewisse Zeitspanne später.

Ein weiteres Wirtschaftswachstum ist in der Bundesrepublik Deutschland im obengenannten Umfang beispielsweise erforderlich

---

[20]) „Grundlinien und Eckwerte...", a. a. O., S. 267.

[21]) Die Bundesregierung geht in ihrer „Perspektivprojektion" für den Zeitraum 1975–1985 von einem gesamtwirtschaftlichen Wachstum von 4 % p. a. aus; vgl. „Grundlinien und Eckwerte...", a. a. O., S. 267. Nach Ansicht des IFO-Instituts für Wirtschaftsforschung wäre allein zur Realisierung des Ziels der Vollbeschäftigung ohne Verkürzung der Arbeitszeit bis 1985 ein Wirtschaftswachstum von etwa 5 % p. a. erforderlich. OTT kommt in einer Untersuchung für Baden-Württemberg zu einer Wachstumsrate von 3–5 %; vgl. L. SCHOLZ: Beitrag zum Thema: Wirtschaftswachstum – Energiebedarf – Arbeitsplätze, vervielfältigtes Manuskript, hrsg. vom IFO-Institut für Wirtschaftsforschung, München, 20.6.1977, S. 2; A. E. OTT: Wirtschaftswachstum und Energieverbrauch in Baden-Württemberg, Gutachten im Auftrag des Staatsministeriums Baden-Württemberg, Tübingen 1975, S. 40 ff., insbes. S. 47. Fraglich ist allerdings, ob bis 1985 selbst die oben genannten 4 % Wirtschaftswachstum p. a. erreichbar sind. Vgl. dazu J. GATTINGER/H. RUSS: Vorausschätzung des realen Bruttosozialprodukts für die Bundesrepublik Deutschland bis 1980 sowie Ausblick auf die Jahre 1985 und 1990. Hrsg. vom IFO-Institut, München 1977.

[22]) Vgl. in diesem Zusammenhang auch D. MEADOWS: Die Grenzen des Wachstums. Bericht des Club of Rome zur Lage der Menschheit, Stuttgart 1972, und die durch diese Veröffentlichung ausgelöste Diskussion.

[23]) Vgl. beispielsweise den Beitrag von O. SCHLECHT: „Nullwachstum" bedeutet Rückschritt. In: Frankfurter Allgemeine Zeitung, Nr. 94 vom 23.4.1977, sowie A. E. OTT, a. a. O., S. 9 ff., S. 24 ff. und S. 81 ff.

- zur Lösung der aktuellen sowie der künftigen demographisch bedingten Beschäftigungsprobleme[24]),
- zur Finanzierung des sozialen Sicherungssystems,
- zur Bewältigung der unvermeidbaren strukturellen Änderungen in unserer Volkswirtschaft,
- zur Entschärfung des Verteilungskampfes einzelner Gruppen um Einkommen und Vermögen,
- zur Steigerung der Versorgung der Bevölkerung mit Waren und Dienstleistungen,
- zur Sicherung unserer internationalen Wettbewerbsfähigkeit,
- zur Bewältigung der internationalen Anpassungsprozesse zur Beseitigung von Zahlungsbilanzdefiziten und Beschäftigungsproblemen einzelner Handelspartner sowie zur Bewältigung des Interessenausgleichs zwischen Industriestaaten und Entwicklungsländern (Nord-Süd-Dialog).

Dieses gesamtwirtschaftlich notwendige (quantitative) Wirtschaftswachstum[25]), das in einem absehbaren Zeitraum mehr und mehr in ein qualitatives Wachstum übergehen muß, ist nur realisierbar, wenn die zur entsprechenden Produktion von Waren und Leistungen aller Art notwendigen Energiemengen zur Verfügung stehen[26]). Das Ausmaß und die Wachstumsrhythmen der Energienachfrage weisen dabei einen engen Zusammenhang mit der gesamtwirtschaftlichen Entwicklung auf[27]). Bedeutsam ist, daß ein ungenügendes Energieangebot zwangsläufig zu einer Verminderung des gesamtwirtschaftlichen Wachstums führen müßte[28]). Das damit angesprochene Verhältnis zwischen dem Wachstum des Energieverbrauchs und dem Wirtschaftswachstum spielt in der öffentlichen Diskussion, wie bereits angedeutet, eine bedeutende Rolle.

Das Verhältnis zwischen diesen beiden Größen läßt sich in einem Koeffizienten, der sog. Energieverbrauchselastizität, ausdrücken. Diese Energieverbrauchselastizität wird definiert als das durchschnittliche jährliche Wachstum des (Primär-)Energieverbrauchs, dividiert durch das durchschnittliche jährliche Wirtschaftswachstum[29]). In den Jahren seit 1960 lag dieser Koeffizient, der gewisse Tendenzen im Hinblick auf den spezifischen Energieverbrauch erkennen läßt, in der Bundesrepublik Deutschland stets bei 1; im Zeitraum von 1960 bis 1973 sogar exakt bei 1,0[30]). Bezogen auf den Stromverbrauch, der

---

[24]) So weist die Bundesregierung darauf hin, daß für jeden Prozentpunkt, um den das Wachstum hinter der angenommenen Produktivitätsentwicklung – künftig mindestens 3–4% p. a. – zurückbleibt, sich die Zahl der Arbeitslosen um ca. 250 000 pro Jahr erhöhen dürfte; vgl. „Grundlinien und Eckwerte...", a. a. O., S. 267.

[25]) Die Förderung des Wirtschaftswachstums ist, was in der Diskussion der jüngsten Zeit wohl häufig übersehen wird, in der Bundesrepublik Deutschland eine durch Gesetz – nämlich im Gesetz zur Förderung der Stabilität und des Wachstums der Wirtschaft vom 8.6.1967 (BGBl. I, S. 582) – ausdrücklich für verbindlich erklärte wirtschaftspolitische Zielsetzung.

[26]) Zum Zusammenhang von Wachstum, Vollbeschäftigung und Energieverbrauch vgl. auch Vorstand der SPD (Hrsg.): Forum SPD. Energie – Ein Diskussionsleitfaden. Bonn 1977, S. 7 ff. Auch dort findet sich ein klares Bekenntnis zur Notwendigkeit eines weiteren Wirtschaftswachstums.

[27]) Vgl. hierzu auch W. MÜLLER-MICHAELIS: Energie '85. Daten und Tendenzen der energiewirtschaftlichen Entwicklung in der Bundesrepublik Deutschland, hrsg. von der BP Benzin und Petroleum AG, Hamburg 1972, S. 8. Vgl. hierzu ferner das Schaubild in Anlage 1.

[28]) Vgl. auch „Grundlinien und Eckwerte...", a. a. O., S. 267.

[29]) Vgl. etwa W. MÜLLER-MICHAELIS, a. a. O., S. 8 ff.

[30]) Nach Ermittlungen des Bundesministeriums für Wirtschaft. – Vgl. auch H. MAYER: Mineralölverarbeitung in der Bundesrepublik Deutschland. In: Energie (1975) 6, S. 141.

insbesondere aufgrund der zunehmenden Elektrifizierung der privaten Haushalte und des steigenden Strombedarfs in der Wirtschaft infolge der technologischen Entwicklung seit jeher erheblich stärker als der Primärenergieverbrauch angestiegen ist, betrug der entsprechende Koeffizient im Durchschnitt der Jahre 1960–1973 1,63[31]).

Das Verhältnis von Energieverbrauch und Wirtschaftswachstum ist aber keineswegs starr. Der für die Bundesrepublik Deutschland für die vergangenen Jahre hinsichtlich der Entwicklung des Primärenergieverbrauchs ermittelte Koeffizient von 1 ist so auch das mehr zufällige Ergebnis empirischer Untersuchungen und nicht das Resultat exakt definierbarer Funktionen. So heißt es auch in dem Diskussionsleitfaden der SPD[32]): „Dieser Zusammenhang von Bruttosozialprodukt (BSP) und Energieverbrauch ist zunächst aber nur ein statistischer Befund ... und keine Gesetzmäßigkeit, da im einzelnen das Verhältnis von Wertschöpfung und Konsum einerseits und Energieverbrauch andererseits sehr unterschiedlich sein kann. Größere Strukturverschiebungen sind denkbar, die sich auf das Gesamtverhältnis von BSP und Energieverbrauch auswirken". Dies läßt sich auch aus den sehr unterschiedlichen Werten über den Primärenergieverbrauch je 1000 Dollar Bruttoinlandsprodukt in verschiedenen Staaten im Jahre 1975 ableiten, die beispielsweise von 597 kg SKE in der Schweiz über 821 kg SKE in Deutschland, 1049 kg SKE in Italien, 1273 kg SKE in Großbritannien, 1573 kg SKE in den USA bis 1750 kg SKE in Kanada reichten, womit die Bundesrepublik Deutschland eine sehr günstige Position einnimmt[33]).

Der Zusammenhang zwischen Bruttoinlandsprodukt und Primärenergieverbrauch[34]) und damit auch der Elastizitätskoeffizient sind somit durchaus veränderbar, etwa durch Strukturveränderungen in Produktion und Konsumtion, durch den technischen Fortschritt, durch Veränderungen der Preisrelationen, durch Sättigungstendenzen in einzelnen Verbrauchsbereichen und insbesondere durch eine rationellere Energieverwendung, aber auch durch steigenden spezifischen Energieverbrauch in einzelnen Verbrauchssektoren. „Energiewirtschaftliche Rationalisierungserfolge im industriellen Sektor werden zunehmend von konsumtiven Energieverwendungen mit steigendem spezifischen Energieverbrauch überdeckt"[35]). Die Entwicklung kann somit in den einzelnen Verbrauchssektoren wie bei den einzelnen Energieträgern durchaus unterschiedlich verlaufen, wobei eine entsprechende Analyse dieser Entwicklungstendenzen stets zu berücksichtigen hat, daß es sich bei der Nachfrage nach Energieträgern grundsätzlich um eine abgeleitete Nachfrage handelt. Der entscheidende Ansatz für energiepolitische Maßnahmen, die darauf gerichtet sind, den spezifischen Energieverbrauch zu senken und damit den Elastizitätskoeffizienten deutlich unter 1 zu drücken, liegt in dem Bereich „rationellere und sparsamere Energieverwendung".

Über die quantitativen Auswirkungen dieser Bemühungen gehen die Ansichten erheblich auseinander. Während beispielsweise OTT[36]) in seinem 1975 vorgelegten Gutachten zu dem Ergebnis kommt, daß das Wachstum des Bruttoinlandsprodukts und das Wachstum des Energieverbrauchs im Prognosezeitraum (d. h. bis 1990) nahezu parallel

---

[31]) Vgl. „Grundlinien und Eckwerte...", a. a. O., S. 267.

[32]) Vorstand der SPD (Hrsg.), a. a. O., S. 8.

[33]) Nach Ermittlungen des Bundesministeriums für Wirtschaft. – Vgl. hierzu ferner die Anlagen 2 und 3 sowie das Schaubild in Anlage 4.

[34]) Entsprechendes gilt auch für andere Energieträger, etwa für Strom.

[35]) W. MÜLLER-MICHAELIS, a. a. O., S. 11.

[36]) Vgl. A. E. OTT, a. a. O., S. 65 ff.

verlaufen, die Energieverbrauchselastizität somit weiterhin bei 1 liegen wird, ergeben sich aus den neuen Energiebedarfsprognosen der wirtschaftswissenschaftlichen Forschungsinstitute für den Zeitraum von 1980 bis 1985 und 1985 bis 1990 Koeffizienten von 0,7 bzw. 0,6[37]). Diese Annahme dürfte allerdings zu optimistisch sein, so daß die Energieverbrauchselastizität wohl eher in der Mitte zwischen den beiden extremen Vorausschätzungen, d. h. bei 0,8, liegen wird[38]). Unberücksichtigt bei diesen Überlegungen zur rationelleren Energieverwendung und damit indirekt zur Senkung der Energieverbrauchselastizität ist dabei wohl das Problem geblieben, daß Maßnahmen zur relativen Verringerung des Energieverbrauchs häufig mit Sachinvestitionen verbunden sind, die ihrerseits auch wieder einen zusätzlichen Energie- und Rohstoffaufwand verursachen (z. B. der Bau von Fernwärmenetzen), so daß sich hier erhebliche Zielkonflikte ergeben können[39]). Längerfristig wird die Problematik dadurch noch verschärft, daß auch die Rohstoffproduktion mit einem Energieaufwand verbunden ist, der bei immer schwieriger erschließbaren Rohstoffvorkommen tendenziell weiter zunimmt. In langfristiger Betrachtung ist zudem durchaus denkbar, daß bei zunehmender Erschöpfung natürlicher Ressourcen die erforderlichen Rohstoffe mehr und mehr durch Recycling gewonnen werden müssen, was einen hohen zusätzlichen Energieeinsatz und damit steigenden spezifischen Energieverbrauch bedeuten dürfte.

Selbst wenn man optimistisch ist und von nennenswert rückläufigen Energieverbrauchselastizitäten in den nächsten Jahren ausgeht, dann besagt dies doch nichts anderes, als daß auch in Zukunft ein weiteres Wirtschaftswachstum nicht ohne zusätzlichen Energieverbrauch möglich ist. Nachdem diese Entwicklung in den vorliegenden Energieverbrauchsprognosen – auf die noch näher einzugehen sein wird – aber bereits weitgehend berücksichtigt ist, muß der so prognostizierte Energiebedarf der einzelnen Verbrauchssektoren somit in jedem Falle gedeckt werden, wenn nicht schwerwiegende gesamtwirtschaftliche Konsequenzen riskiert werden sollen. Dies ist aber nur möglich, wenn auch die Kapazitäten der Energieversorgungsanlagen, z. B. der Kraftwerke, Leitungen und Raffinerien, bedarfsgerecht erweitert werden.

3. Prognosen der Energiebedarfsentwicklung in der Bundesrepublik Deutschland

Aufbauend auf einem im Februar 1977 abgeschlossenen Gutachten der wirtschaftswissenschaftlichen Forschungsinstitute[40]) hat die Bundesregierung in ihren „Grundlinien und Eckwerte für die Fortschreibung des Energieprogramms" vom 23.3.1977 eine sog. Status-quo-Prognose über die künftige Entwicklung des Energiebedarfs in der Bundesrepublik Deutschland bis 1985 sowie einen Ausblick bis zum Jahr 1990 vorgelegt. Der Begriff „Status-quo-Prognose" besagt, daß bei den Vorausschätzungen eine Fortsetzung der

---

[37]) Vgl. „Grundlinien und Eckwerte...", a. a. O., S. 268. Speziell für Strom wurden entsprechende Koeffizienten von 1,55 bzw. 1,43 ermittelt.

[38]) Bundeswirtschaftsminister FRIDERICHS ging in seiner Rede am 26.2.1977 sogar davon aus, daß selbst im Jahre 2000 jedes Prozent Wirtschaftswachstum wahrscheinlich noch ein Energieverbrauchswachstum von 0,6–0,8% voraussetzt; vgl. Handelsblatt vom 28.2.1977. In dem Diskussionsleitfaden der SPD heißt es im Zusammenhang mit einem Ausblick auf die Auswirkungen rationeller Energieverwendung bis zum Jahr 2000, daß „bei einem jährlichen realen Wachstum von 4% ein jährlicher Zuwachs des Energieverbrauchs um annähernd 3% als unvermeidlich" erscheint; vgl. Vorstand der SPD (Hrsg.), a. a. O., S. 21, und ebenda, S. 26.

[39]) Vgl. Vorstand der SPD (Hrsg.), a. a. O., S. 21.

[40]) Vgl. Gemeinschaftsgutachten, a. a. O.

bisherigen Energiepolitik zugrundegelegt wurde. Im übrigen finden in den Prognosen, soweit es den Bereich Energieeinsparung angeht, energiepolitische Maßnahmen insoweit Berücksichtigung, „als sie bereits heute Gesetzeskraft haben und im Prognosezeitraum wirksam bleiben"[41].

Den Prognosen wurde ferner auftragsgemäß eine durchschnittliche jährliche Wachstumsrate des realen Bruttosozialprodukts – es müßte wohl zutreffender „Bruttoinlandsprodukt" heißen – von 4% im Zeitraum 1975–1985 zugrundegelegt[42].

Nach diesen Prognosen ergibt sich für die Entwicklung des Primärenergieverbrauchs folgendes Bild[43]:

Energieträger	1975 (Ist)	1980	1985
	Mio. t SKE (%)		
Mineralöl	181,0 (52,1)	216 (50)	226 (45)
Steinkohle	66,5 (19,1)	72 (17)	73 (15)
Braunkohle	34,4 (9,9)	35 (8)	35 (7)
Erdgas	48,7 (14,0)	73 (17)	87 (18)
Kernenergie	7,1 (2,0)	28 (6)	62 (13)
Sonstige	10,0 (2,9)	11 (2)	13 (2)
Insgesamt	347,7 (100)	435 (100)	496 (100)

Danach ist im Prognosezeitraum mit einem durchschnittlichen jährlichen Wachstum des Primärenergieverbrauchs von 3,6% zu rechnen, woraus sich für den gesamten Zeitraum eine durchschnittliche Energieverbrauchselastizität von 0,9 bestimmen läßt[44]. Zur Höhe des Anteils der Kernenergie an der Deckung des Energiebedarfs von 62 Mio. t SKE (= 13%) im Jahr 1985 ist festzustellen, daß dabei von den Instituten eine Kernkraftwerkskapazität von 30 000 MW unterstellt wird. Insgesamt liegen diese Prognosen über die Entwicklung des Primärenergieverbrauchs bis 1985 um rd. 10% unter den Prognosen in der Ersten Fortschreibung des Energieprogramms der Bundesregierung von 1974.

Mit den gleichen Grundannahmen wurde auch die Entwicklung des Endenergieverbrauchs vorausgeschätzt. Die Prognosen kommen zu folgendem Ergebnis[45]:

---

[41]) Ebenda, S. 7.

[42]) Vgl. „Grundlinien und Eckwerte...", a. a. O., S. 268, sowie das Gemeinschaftsgutachten, a. a. O., S. 2.

[43]) Vgl. „Grundlinien und Eckwerte...", a. a. O., S. 268; im einzelnen dazu auch das Gemeinschaftsgutachten, a. a. O., S. 82 ff.

[44]) Vgl. hierzu aber die optimistischen Annahmen der Bundesregierung für die Entwicklung dieses Koeffizienten für den Zeitraum 1980–1985 und 1985–1990, in Abschnitt II/2.

[45]) Vgl. Gemeinschaftsgutachten, a. a. O., S. 30 ff. Vgl. hierzu auch „Grundlinien und Eckwerte...", a. a. O., S. 268.

Entwicklung des Endenergieverbrauchs nach Energieträgern

Energieträger	1975 (Ist)	1980	1985
	Mio. t SKE (%)		
Steinkohle, Koks	22,4 (9,6)	20,0 (7,1)	17,8 (5,7)
Braunkohle	4,2 (1,8)	2,9 (1,0)	1,5 (0,5)
Mineralölprodukte	137,5 (58,8)	157,0 (55,4)	161,8 (51,9)
Erdgas	26,1 (11,1)	45,8 (16,2)	57,4 (18,4)
Sonstige Gase	8,2 (3,5)	8,0 (2,8)	7,5 (2,4)
Strom	31,1 (13,3)	43,8 (15,4)	57,8 (18,6)
Fernwärme	4,5 (1,9)	6,0 (2,1)	7,8 (2,5)
Insgesamt	234,0 (100)	283,5 (100)	311,6 (100)

Entwicklung des Endenergieverbrauchs nach Verbrauchssektoren

Verbrauchssektor	1975 (Ist)	1980	1985
	Mio. t SKE (%)		
Industrie	84,0 (35,9)	103,0 (36,3)	113,6 (36,5)
Verkehr	46,2 (19,7)	51,0 (18,0)	55,5 (17,8)
Haushalte und sonstige Kleinverbraucher	103,8 (44,4)	129,5 (45,7)	142,5 (45,7)
Insgesamt	234,0 (100)	283,5 (100)	311,6 (100)

Der gesamte Endenergieverbrauch wird danach im Prognosezeitraum um durchschnittlich 2,9 % p. a. ansteigen, wobei die Entwicklung in den einzelnen Verbrauchssektoren und bei den einzelnen Energieträgern durchaus unterschiedlich verläuft. So ist beispielsweise in der Industrie von 1975 bis 1980 vor allem aufgrund des Nachholbedarfs wegen des konjunkturellen Einbruchs im Jahr 1975 mit einer Steigerungsrate von durchschnittlich 4,2 % p. a. zu rechnen, während der industrielle Endenergieverbrauch im Zeitraum 1980–1985 dagegen nur noch um 2 % p. a. wachsen dürfte. Hierin drückt sich unter anderem die in der Industrie auch künftig zu erwartende weitere Senkung des spezifischen Energieverbrauchs aus[46].

Der Stromverbrauch als der mit im Zentrum der öffentlichen Diskussion stehende Bereich soll nach den den „Grundlinien und Eckwerten" zugrundeliegenden Prognosen von 1975 bis 1985 um durchschnittlich 6,2 % p. a. steigen, nachdem in der Vergangenheit die Zuwachsraten etwa 7 % p. a. betragen hatten. In dieser geringeren Zuwachsrate kommen unter anderem erste Sättigungstendenzen im Bereich der privaten Haushalte, das langsamere wirtschaftliche Wachstum sowie die Bemühungen um rationellere Energieverwendung zum Ausdruck[47]. Hinsichtlich der Kraftwerkskapazitäten wird von der Bundesregierung angenommen, daß diese von gegenwärtig rd. 82 000 MW bis auf etwa 115 000 MW im Jahre 1985 ansteigen sollen, wobei die Kernkraftwerksleistung mit

---
[46] Vgl. ebenda, S. 268.
[47] Vgl. ebenda, S. 269, sowie Gemeinschaftsgutachten, a. a. O., S. 46 ff.

30 000 MW angesetzt wird; diese Kapazität wird ausdrücklich als die „energiepolitisch erwünschte Kapazität"[48]) bezeichnet.

Für den Zeitraum von 1985 bis 1990 wird ein weiteres Absinken der Zuwachsrate des Primärenergieverbrauchs auf 2,1 % p a. angenommen[49]). Für diesen weiteren Rückgang der Zuwachsraten sprechen sowohl ein niedrigeres gesamtwirtschaftliches Wachstum von – unterstellt – noch 3,5 % als auch Sättigungstendenzen etwa im Bereich des Verkehrs und der privaten Haushalte sowie schließlich die Wirkungen von Energiesparmaßnahmen. Der Primärenergieverbrauch wird nach den Prognosen der Institute im Jahr 1990 in der Größenordnung von 550 Mio. t SKE liegen, wobei der Anteil des Mineralöls bis auf 42 % absinken könnte. Dies setzt allerdings bis zu diesem Zeitpunkt eine Kernkraftwerkskapazität von etwa 47 000 MW bei einer Gesamtkapazität der Stromerzeugungsanlagen von rd. 145 000 MW voraus[50]). Der Endenergieverbrauch wird nach diesen Prognosen im Zeitraum 1985–1990 dagegen nur noch um durchschnittlich 1,6 % p. a. zunehmen, wobei sich die Anteile der einzelnen Verbrauchssektoren kaum, die Anteile der einzelnen Energieträger dagegen stärker verschieben werden; insbesondere wird nach Ansicht der Institute der Anteil des Stroms überproportional ansteigen[51]).

Die Bundesregierung weist ausdrücklich darauf hin, daß auch bei diesen Voraussschätzungen, wie bei jeder Prognose, Unsicherheiten bestehen. Dies gelte besonders hinsichtlich der weiteren Entwicklung der Weltwirtschaft und der Weltenergiemärkte, der Energiepolitik wichtiger Partnerländer der Bundesrepublik Deutschland sowie auch der spezifischen Unsicherheiten insbesondere bei der Entwicklung der Kernenergie[52]).

Inwieweit diese skizzierten Prognosen der wirtschaftswissenschaftlichen Forschungsinstitute, die von der Bundesregierung in ihren „Grundlinien und Eckwerten" übernommen wurden, realistisch sind, bleibt abzuwarten. Schon heute läßt sich feststellen, daß die Annahmen hinsichtlich des weiteren Ausbaus der Kernenergie, die die Bundesregierung allerdings selbst nur als „erwünscht" bezeichnet, als viel zu optimistisch einzustufen sind. So wird auch in dem Diskussionsleitfaden der SPD[53]) für 1985 nur eine Kernkraftwerkskapazität zwischen 15 000 und 25 000 MW für erreichbar angesehen, „wenn keine weiteren Verzögerungen eintreten". Es ist daher offen, ob die „Richtgröße" von 30 000 MW für 1985 nochmals in die für Ende 1977 zu erwartende Zweite Fortschreibung des Energieprogramms der Bundesregierung aufgenommen wird.

Hinzuweisen ist dabei aber auch auf die von der Bundesregierung klar aufgezeigten gravierenden Folgen, die aus einer erheblichen Verzögerung des Ausbaus der Kernkraftwerkskapazitäten für die wirtschaftliche Entwicklung der Bundesrepublik Deutschland resultieren würden[54]). So werden in alternativen Situationsmodellen die Konsequenzen eines Stopps bzw. einer erheblichen Verzögerung des Kernkraftwerksbaus dargelegt. In den beiden Extremfällen, einem Stopp des Kernkraftwerksbaus bei 20 000 MW im Jahre 1985 (Fertigstellung der in Bau befindlichen und genehmigten Kernkraftwerke) bzw. bei 6400 MW (heutiger Stand) müßte bis 1990 mit einem Rückgang der Wachstumsraten des

---

[48]) „Grundlinien und Eckwerte...", a. a. O., S. 277.
[49]) Vgl. ebenda, S. 269, sowie Gemeinschaftsgutachten, a. a. O., S. 95 ff.
[50]) Vgl. „Grundlinien und Eckwerte...", a. a. O., S. 269 und S. 273.
[51]) Vgl. Gemeinschaftsgutachten, a. a. O., S. 100 ff.
[52]) Vgl. „Grundlinien und Eckwerte...", a. a. O., S. 269.
[53]) Vorstand der SPD (Hrsg.), a. a. O., S. 45.
[54]) Vgl. „Grundlinien und Eckwerte...", a. a. O., S. 273 ff.

Bruttosozialprodukts auf etwa 1,5 % p. a. und einer Arbeitslosenquote von über 8 % bzw. mit einer Stagnation des Bruttosozialprodukts und einer Arbeitslosenquote von 10 bis 13 % gerechnet werden.

Etwa zum gleichen Zeitpunkt, zu dem die Bundesregierung ihre „Grundlinien und Eckwerte" mit den neuen Energiebedarfsprognosen vorgelegt hat, wurden auch vom Mineralölwirtschaftsverband (MWV)[55]) und der Deutschen BP AG[56]) aktualisierte Energiebedarfsvorausschätzungen veröffentlicht.

Die Prognose des MWV, die bis zum Jahr 1990 reicht, kommt bei ähnlicher Struktur nach Energieträgern zu etwas geringeren Gesamtergebnissen als die von der Bundesregierung vorgelegten Vorausschätzungen. Ursache hierfür ist vor allem, daß der MWV für die Zukunft deutlich niedrigere Wachstumsraten des Bruttosozialprodukts unterstellt als die Bundesregierung. Zusätzlich zu dieser Prognose wurde vom MWV eine Alternativrechnung erstellt, die von einer geringeren Verfügbarkeit der Kernenergie ausgeht und daher zu noch niedrigeren Gesamtwerten des Primärenergieverbrauchs kommt. Die Ergebnisse dieser Rechnungen sind in Anlage 5 dargestellt.

Noch einen Schritt weiter in die Zukunft reicht die Energiebedarfsprognose der Deutschen BP AG. Diese Studie, deren Prognosewerte für 1985 weitgehend mit der Vorausschätzung des MWV übereinstimmen, kommt zu dem Ergebnis, daß der Primärenergiebedarf in der Bundesrepublik Deutschland bis zum Jahr 2000 auf 625 Mio. t SKE ansteigen wird[57]). Im einzelnen wird folgende Vorausschätzung vorgelegt, wobei ausdrücklich auf die erheblichen Unsicherheiten einer derart langfristigen quantitativen Darstellung hingewiesen wird[58]).

Entwicklung des Primärenergiebedarfs in der Bundesrepublik Deutschland bis zum Jahr 2000

Energieträger	1985	2000
	Mio. t SKE (%)	
Mineralöl	225 (47)	225 (36)
Gas	83 (17)	85 (13)
Steinkohle	70 (15)	70 (11)
Braunkohle	33 (7)	35 (6)
Kernenergie	59 (12)	200 (32)
Wasserkraft	10 (2)	10 (2)
Insgesamt	480 (100)	625 (100)

---

[55]) Vgl. Mineralölwirtschaftsverband e. V. (Hrsg.): Entwicklung des Energieverbrauchs in der Bundesrepublik Deutschland 1973–1980, 1985, 1990; maschinenschriftlich vervielfältigt, Hamburg, April 1977.

[56]) Vgl. Deutsche BP AG (Hrsg.): Energie 2000, Tendenzen und Perspektiven. Hamburg 1977.

[57]) Bemerkenswert ist, daß in dem Energieprogramm der Bundesregierung von 1973 für das Jahr 1985 ein Primärenergieverbrauch von 610 Mio. t SKE vorausgeschätzt wurde, also nur geringfügig weniger als nunmehr für das Jahr 2000.

[58]) Vgl. Deutsche BP AG (Hrsg.), a. a. O., S. 30.

Die Prognosen und Perspektiven über die künftige Entwicklung des Energiebedarfs lassen erkennen, daß längerfristig zur Deckung des Energiebedarfs sowohl auf keinen der konventionellen Energieträger verzichtet werden kann als auch neue Technologien so schnell wie möglich entwickelt werden müssen. Trotz all dieser Maßnahmen ist die Ausschöpfung aller Möglichkeiten der Energieeinsparung und rationelleren Energieverwendung unabdingbar, wenn die Probleme der Energieversorgung auch in Zukunft gelöst werden sollen.

III. Allgemeine Ziele der Energieversorgung im Leitbild der Infrastruktur

1. Die Energieversorgung als Teilbereich der Infrastruktur

Beim Wort Infrastruktur handelt es sich um einen Begriff, der erst seit Ende der 50er Jahre in der deutschen Sprache auftaucht. Er wurde aus dem Nato-Sprachgebrauch übernommen[59], wo er als Sammelbegriff für militärische Anlagen Verwendung fand. Wie oft bei Wortschöpfungen, steht die Häufigkeit seiner Verwendung im umgekehrten Verhältnis zu seiner begrifflichen Klarheit.

Den wohl umfassendsten Versuch zur inhaltlichen Bestimmung des Infrastrukturbegriffs dürfte R. JOCHIMSEN unternommen haben[60]. Wie bei der Definition komplexer Sachverhalte aber nicht anders zu erwarten, fiel die Begriffsbestimmung mehr abstrakt bzw. formal-ökonomisch als operational aus. Manche Theoretiker sehen deshalb von einer Definition des Infrastrukturbegriffs ganz ab und nennen lediglich Kriterien, welche die Infrastruktur von anderen produktiven Aktivitäten abheben sollen. So zählt A. O. HIRSCHMAN produktive Aktivitäten dann zur Infrastruktur[61], wenn

– sie als universelle Inputs für Produktion und Konsum dienen können,
– sie eine verhältnismäßig lange Erstellungszeit und Lebensdauer aufweisen, einen hohen Kapitalkoeffizienten besitzen und technisch unteilbar sind,
– ihre Leistungen nicht importiert werden können,
– sie sich im Eigentum oder wenigstens unter der Kontrolle der öffentlichen Hand befinden,
– ihre Nutzung kostenlos bzw. zu einer festen Gebühr allgemein gestattet wird.

Dazu muß allerdings bemerkt werden, daß diese Merkmale „weder in gleicher Weise für alle Infrastrukturbereiche gültig" sind noch daß „sie die Infrastruktur eindeutig von den übrigen Wirtschaftsbereichen"[62] abgrenzen.

Zur genaueren Spezifizierung des komplexen Sachverhalts Infrastruktur wird in der Literatur noch eine Aufgliederung vorgenommen, z. B. in materielle und soziale

---

[59]) Vgl. R. JOCHIMSEN u. K. GUSTAFSSON: Infrastruktur. In: Handwörterbuch der Raumforschung und Raumordnung, hrsg. von der Akademie für Raumforschung und Landesplanung, Bd. II, 2. Aufl., Hannover 1970, Sp. 1319.

[60]) Vgl. R. JOCHIMSEN: Theorie der Infrastruktur. Tübingen 1966, S. 100 u. 145. Zu weiteren umfassenden Versuchen, Infrastruktur zu definieren, vgl. z. B. A. J. YOUNGSON: Overhead Capital. A Study in Development Economics. Edinburgh 1967, S. 34 ff.

[61]) Vgl. A. O. HIRSCHMAN: Die Strategie der wirtschaftlichen Entwicklung. Stuttgart 1967, S. 78. Merkmale zur Kennzeichnung der Infrastruktur verwendet auch J. STOHLER: Zur rationalen Planung der Infrastruktur. In: Konjunkturpolitik 11 (1965), S. 281 ff.

[62]) D. WEISS: Infrastrukturplanung. Ziele, Kriterien und Bewertung von Alternativen. Berlin 1971, S. 2.

Infrastruktur, wobei die Grenzen in der Regel nicht eindeutig gezogen werden können. Legen wir dieses Einteilungsschema zugrunde, dann zählt die Energieversorgung zur sog. materiellen Infrastruktur. Denn unter „materieller Infrastruktur wird . . . 1. die Gesamtheit aller Anlagen, Ausrüstungen und Betriebsmittel in einer Volkswirtschaft verstanden, die zur *Energieversorgung*[63], Verkehrsbedienung und Telekommunikation dienen; hinzu kommen 2. die Bauten usw. zur Konservierung der natürlichen Ressourcen und Verkehrswege im weitesten Sinne und 3. die Gebäude und Einrichtungen der staatlichen Verwaltung, des Erziehungs- und Forschungs- sowie des Gesundheits- und Fürsorgewesens[64].

Die Anlagen zur Energieversorgung, d. h. die Anlagen zur Erzeugung und Verteilung von Energie jeglicher Art, gehören – wie alles Produktivkapital – zum volkswirtschaftlichen Realkapitalstock. Zur formalen Abhebung der materiellen Infrastruktur vom eigentlichen Realkapitalstock, den „directly productive activities", verwendet A. O. HIRSCHMAN den Begriff „Sozialkapital", der vom englischen „social overhead capital" stammt[65]. Inhaltlich ist die Abgrenzung zwischen Sozialkapital und dem übrigen Realkapital insofern möglich, als zur Kennzeichnung des Sozialkapitals gleichzeitig das allgemeine Vorleistungsmerkmal, ein hoher Kapitalkoeffizient und eine in der Regel hohe Kapitalintensität notwendig sind[66]. Alle drei Merkmale treffen in hohem Maße auf die Energieversorgungsanlagen zu, so daß diese neben dem Verkehrswesen als typischer Teil der materiellen Infrastruktur bezeichnet werden können. Dies soll im folgenden noch genauer belegt werden.

Wenn vom Vorleistungscharakter der Nutzleistungen der materiellen Infrastruktur gesprochen wird, dann darf diese Formulierung nicht so interpretiert werden, als ob alle Vorleistungen zur Infrastruktur gehören. Die Nutzungen der Infrastruktur stellen nur einen Teilbereich der Vorleistungen dar. Will man die Infrastrukturnutzungen von den übrigen Vorleistungen abheben, dann teilt man die Vorleistungen zweckmäßigerweise in die allgemeinen und in die spezifischen Vorleistungen ein[67]. Zu den spezifischen Vorleistungen zählen alle Vorleistungen, die beim Eingehen in das Produkt seine spezifische Art und Qualität bestimmen; hierzu müssen z. B. die Roh- und Hilfsstoffe gerechnet werden.

Die materielle Infrastruktur gibt dagegen die allgemeinen Vorleistungen ab, d. h. solche Nutzungen, die generell zur Güterproduktion erforderlich sind. Selbstverständlich werden diese Vorleistungen von den einzelnen Branchen in unterschiedlichem Umfang und vielleicht auch zeitvariant eingesetzt; auch sind sie in nicht unerheblichem Maße abhängig von der Größe und der Struktur des Wirtschaftsraumes.

Energie kann sowohl direkt dem letzten Verbrauch (z. B. im privaten Haushalt) dienen als auch als Vorleistung in die Produktion solcher Güter eingehen, die für den letzten

---

[63] Im Original nicht kursiv.

[64] R. JOCHIMSEN, a. a. O., S. 103. Auch das neue Infrastrukturprogramm der öffentlichen Hände, das die Chance für stetiges Wachstum und Rückkehr zur Vollbeschäftigung verbessern soll, legt einen Schwerpunkt in die Energievorsorge, wie Ausbau der Fernwärmeversorgung und Bau von Erdgasleitungen in strukturschwachen Gebieten; vgl. Handelsblatt Nr. 46 v. 7.3.1977.

[65] Die Abgrenzung dieser beiden Begriffe aufgrund bestimmter Kriterien ist nicht unwidersprochen geblieben; vgl. M. LIPTON: Balanced and Unbalanced Growth in Underdeveloped Countries. In: Economic Journal 72 (1962), S. 655 f.

[66] Vgl. R. JOCHIMSEN, a. a. O., S. 105.

[67] Vgl. ebenda, S. 106.

Verbrauch bestimmt sind. Für alle Infrastruktureinrichtungen ist nun kennzeichnend, daß ihr Einsatz als Vorleistung bei weitem die konsumtive Verwendung übertrifft. So werden auch Investitionen im Bereich des Energiewesens in der Regel „nicht wegen der direkten Wirkung auf die Höhe und Struktur des Sozialproduktes für notwendig gehalten, sondern weil sie erst jene Erzeugung möglich machen, die dann die Endnachfrage befriedigt"[68].

Der Vorleistungscharakter der Energie ist aus der Statistik aber meist nicht erkennbar, weil diese in der Regel die Haushalte mit den sog. „sonstigen Kleinverbrauchern" zusammenfaßt. Hinter den sonstigen Kleinverbrauchern verbergen sich aber Bereiche wie Handel und Kleingewerbe, deren Energieeinsatz zu den Vorleistungen gerechnet werden muß. Ähnliches gilt auch für den Sektor Verkehr, dessen Verbrauch zu einem erheblichen Teil Vorleistungscharakter besitzen dürfte. Der Vorleistungscharakter der Energie sei deshalb am Beispiel der elektrischen Energie dargestellt, für die aufgeschlüsseltes Material vorliegt.

	1972	1973	1974	1975
Stromverbrauch in Mrd. kWh aus öffentl. Netz	207,3	226,1	234,8	235,1
davon in %				
Industrie	50,8	51,3	51,0	47,9
Haushalte	27,1	26,6	27,1	28,8
Handel/Gewerbe	11,5	11,1	10,9	11,6
öffentl. Einrichtungen	6,2	6,6	6,8	7,3
Verkehr	1,7	1,7	1,6	1,7
Landwirtschaft	2,7	2,7	2,6	2,7

Wie die nachstehende Tabelle zeigt[69], entfielen in der Bundesrepublik Deutschland vom Stromverbrauch aus dem öffentlichen Netz selbst im Rezessionsjahr 1975 fast die Hälfte auf die Industrie; in normalen Jahren wird die 50 %-Marke sogar überschritten. Zählt man den Stromverbrauch der anderen produktiven Sektoren unserer Volkswirtschaft noch hinzu, so kann man behaupten, daß im langfristigen Trend etwa 70 % des Stromverbrauchs Vorleistungscharakter besitzen. Noch deutlicher wird der Vorleistungscharakter der energetischen Infrastrukturleistungen, wenn man sich die Konsequenzen möglichen Energiemangels für die Güterproduktion vor Augen führt. In gewissem Umfang lassen sich sicher ad-hoc-Maßnahmen zur Energieeinsparung treffen, doch wegen der unabdingbaren Notwendigkeit des Energieeinsatzes bei der Güterproduktion in hochindustrialisierten Volkswirtschaften stößt man sehr schnell an absolute Grenzen. Die Energie wird zum sog. Engpaßfaktor, so daß die Höhe der volkswirtschaftlichen Güterproduktion in direkte Abhängigkeit vom Energieangebot gerät[70]. Geht das Energieangebot zurück, so verringert sich zwangsläufig der Güterausstoß bzw. der volkswirtschaftliche Güterausstoß kann erst erhöht werden, wenn das Energieangebot zunimmt.

---

[68] R. JOCHIMSEN, a. a. O., S. 105 f.
[69] Vgl. IFO-Schnelldienst Nr. 1/2/77, S. 4.
[70] Vgl. hierzu auch Abschnitt II/2b.

Die einzelnen Branchen werden dabei recht unterschiedlich von einem verringerten Energieangebot betroffen, je nachdem, wie groß der Vorleistungsinput der Energie im Verhältnis zum Produktionswert ist. Ist die Vorleistung an Energie gering im Verhältnis zum Produktionswert, dann geht bei einem verringerten Energieangebot der Wert der sektoralen Güterproduktion im Vergleich zum Ausfall an Energie stark zurück und umgekehrt.

In den letzten zweieinhalb Jahrzehnten hatte die deutsche Wirtschaft glücklicherweise nicht mit globalem Energiemangel zu kämpfen, so daß neue konkrete Zahlenangaben über dadurch bedingte Produktionsrückgänge nicht gemacht werden können; Produktionsrückgänge ließen sich höchstens aufgrund der intersektoralen Verflechtungen über Input-Output-Tabellen abschätzen. Ein anschauliches Beispiel über den Produktionsausfall wegen Energiemangels gibt K. FÖRSTER für die bayerische Industrie im Jahre 1948. Er kommt aufgrund seiner Berechnungen zu dem Ergebnis, daß eine fehlende kWh im Oktober 1948 einen Produktionsausfall von 0,43 DM und im November 1948 von 0,56 DM verursacht hat[71]). Da die Industrie seit dieser Zeit gewaltige Rationalisierungserfolge zu verzeichnen hat, die zwangsläufig mit einer Zunahme des Kapitaleinsatzes und damit des Energieverbrauchs verbunden sind [72]), dürfte Energiemangel heute noch weit größere wertmäßige Produktionseinbußen nach sich ziehen.

Man könnte hierbei allerdings versucht sein zu argumentieren, daß mit Energiemangel mittelfristig wohl kaum zu rechnen ist. Es läßt jedoch auf unverantwortliches Handeln schließen, wenn man die Augen vor der Tatsache verschlösse, daß Energie grundsätzlich nicht in unbeschränktem Maße zur Verfügung steht. So hat die Internationale Energieagentur erst vor kurzem ausdrücklich darauf hingewiesen, daß von 1985 bis 1990 besonders kritische Jahre bei der Energieversorgung zu erwarten sind[73]). Denn die Nachfrage nach dem Hauptenergieträger Erdöl dürfte dann weltweit erheblich über der Produktion liegen. Eine kurzfristige Abhilfe scheint kaum möglich zu sein, weil viele OPEC-Länder zu diesem Zeitpunkt ihre Förderhöchstgrenze erreicht haben werden.

Der Vorleistungscharakter des Infrastrukturbestandteils Energie wird besonders deutlich, wenn man die zukünftige Entwicklung der deutschen Wirtschaft ins Auge faßt. Aus Erfahrung wissen wir, daß für eine Erhöhung des Bruttosozialprodukts um 1 Prozent z. B. ein Strommehrverbrauch von 1,6 bis 1,7% erforderlich ist[74]). Bisher waren wir gewohnt, daß die volkswirtschaftliche Güterproduktion die unabhängige Variable und die Infrastrukturleistung „elektrischer Strom" die abhängige Variable darstellt, die entsprechend den produktionstechnischen Erfordernissen der Wirtschaft erhöht werden kann. Sei es nun, daß die erwähnten Engpässe bei der Erdölförderung auftreten oder daß Bürgerinitiativen den Bau von Kraftwerken bzw. den Bau der Verteilungsanlagen weiter verzögern, die Infrastrukturleistung „elektrischer Strom" wird sehr schnell zum Engpaßfaktor bzw. zur unabhängigen Variablen, an die sich die volkswirtschaftliche Güterproduktion anzupassen hat. Wenn man dann noch bedenkt, daß die derzeit etwa

---

[71]) Vgl. K. FÖRSTER, a. a. O., S. 180.

[72]) Dabei darf allerdings nicht übersehen werden, daß der spezifische Energieverbrauch in der Industrie gesunken ist; vgl. R. KRENGEL u. a.: Produktionsvolumen und -potential, Produktionsfaktoren der Industrie im Gebiet der Bundesrepublik Deutschland einschl. Saarland und Berlin (West). Stat. Kennziffern, 14. Folge 1961–1972, Berlin 1973, Tab. 114.

[73]) Vgl. Süddeutsche Zeitung Nr. 68 v. 23.3.1977.

[74]) Vgl. W. MÜLLER-HAESELER: Wenn eines Tages die Lichter ausgehen. In: Frankfurter Allgemeine Zeitung Nr. 66 v. 19.3.1977. Vgl. dazu auch Abschnitt II/2.

1 Mio. Arbeitslosen in der Bundesrepublik Deutschland ceteris paribus nur dann wieder in den Produktionsprozeß eingegliedert werden können, wenn das Bruttosozialprodukt über die Steigerung der Arbeitsproduktivität hinaus zunimmt, so kann man ermessen, welcher gesellschaftliche Zündstoff hinter der Infrastrukturleistung „elektrischer Strom" wie überhaupt dem gesamten Energieangebot steckt[75]).

Das zweite Merkmal, das wie erwähnt die Infrastrukturanlagen vom übrigen Realkapital abhebt, ist ihr hoher Kapitalkoeffizient[76]). Unter dem Kapitalkoeffizienten versteht die Wirtschaftstheorie das Verhältnis von Kapital zu Output, oder, anders ausgedrückt, der Kapitalkoeffizient mißt den Kapitalaufwand pro Output-Einheit[77]). Der hohe Kapitalkoeffizient von Infrastruktureinrichtungen bringt deshalb zum Ausdruck, daß die Infrastrukturleistungen – hier speziell die Infrastrukturleistungen der Energieversorgungseinrichtungen – nur mit einem im Vergleich zur übrigen Wirtschaft überproportional hohen Realkapitaleinsatz zur Verfügung gestellt werden können. Die Entwicklung des Kapitalkoeffizienten in der gesamten Industrie und im Vergleich dazu im Bereich der Erdöl- und Erdgasgewinnung der Bundesrepublik Deutschland zeigt die nachstehende Tabelle[78]).

Kapitalkoeffizient	1960	1974
Gesamte Industrie ohne öffentliche Energiewirtschaft und Bauhauptgewerbe	1,28	1,57
Erdöl- und Erdgasgewinnung	7,61	2,97

Für unsere Überlegungen ist jedoch noch eine andere Information der Tabelle interessant, und zwar die im Vergleich zum Output überproportional hohe Bindung von Realkapital. Berücksichtigt man dann noch die Tatsache, daß die Energieversorgungsanlagen eine überproportional hohe Lebensdauer aufweisen und die Energiewirtschaft im Gegensatz zu den übrigen Bereichen der materiellen Infrastruktur in der Regel privatwirtschaftlich organisiert ist[79]), dann wird die hohe Risikobereitschaft der Energieversorgungsunternehmen deutlich[80]). Das Streben nach einer hohen Selbstfinanzierungsquote muß deshalb betriebswirtschaftlich als gerechtfertigt bezeichnet werden.

Das dritte Merkmal einer materiellen Infrastruktur, nämlich die zumeist hohe Kapitalintensität, unterstreicht den relativ hohen Kapitaleinsatz pro Arbeitskraft. Denn unter der Kapitalintensität versteht die Wirtschaftstheorie den Quotienten aus Kapital-

---

[75]) Hierbei ist noch gar nicht berücksichtigt, daß durch Verzögerungen im Kraftwerksbau die Arbeitsplatzsicherheit der dort Beschäftigten auch direkt tangiert wird.

[76]) Über die Beziehung „Kapitalkoeffizient" und „lange Lebensdauer" von Infrastrukturanlagen vgl. R. L. FREY: Infrastruktur. Grundlagen der Planung öffentlicher Investitionen, Tübingen/Zürich 1970, S. 30.

[77]) Das Statistische Bundesamt berechnet den Kapitalkoeffizienten als Verhältnis von Bruttoanlagevermögen zu Bruttoinlandsprodukt (in konstanten Preisen).

[78]) Vgl. A. STOBBE: Volkswirtschaftslehre I. Volkswirtschaftliches Rechnungswesen. 4. Aufl., Berlin u. a. 1976, S. 274.

[79]) Nur der Vollständigkeit halber sei erwähnt, daß das Kapital vieler Versorgungsunternehmen sich ganz oder überwiegend im Eigentum der öffentlichen Hand befindet.
Die häufig angegriffene Preisgestaltung der Energieversorgungsunternehmen erscheint damit in einem anderen Licht.

stock und Arbeitsinput[81]), so daß mit dieser Kennziffer Rückschlüsse auf das Einsatzverhältnis von Kapital und Arbeit bei der Güterproduktion möglich werden. Die nachstehende Tabelle zeigt im Zeitablauf die Kapitalintensität der Industrie im Vergleich zur Erdöl- und Erdgasgewinnung in der Bundesrepublik Deutschland[82]).

Kapitalintensität (in 1000 DM)	1960	1974
Gesamte Industrie ohne öffentliche Energiewirtschaft und Bauhauptgewerbe	30	66
Erdöl- und Erdgasgewinnung	198	774

Nicht nur die Höhe der Kapitalintensität zu einem bestimmten Zeitpunkt ist interessant, sondern auch deren zeitliche Veränderung. So zeigt doch die Zunahme der Kapitalintensität, daß Arbeitsplätze nur mit zunehmendem Kapitaleinsatz geschaffen werden können und daß die Arbeitsplätze im Bereich der materiellen Infrastruktur überproportional teuer sind.

Die Energieversorgung stellt generell sicher, daß die Güterproduktion unter Hinzuziehung komplementärer Produktionsvoraussetzungen durchgeführt werden kann. Doch ist auch aufgrund der regional unterschiedlichen Energieversorgungslage nicht in allen Regionen die Produktion aller Güter wirtschaftlich möglich. Denn die räumliche Verteilung des Energieangebots bzw. die Energieversorgungsdichte sowie die Verfügbarkeit über alternative Energiequellen in den einzelnen Regionen wirkt sich neben den Energiepreisen in hohem Maße standortbestimmend aus und bestimmt somit in gewisser Hinsicht die regionale Wirtschaftsstruktur[83]). Damit gewinnt die Energieversorgung auch wirtschaftspolitisch eine erhebliche Bedeutung, d. h. es kann für die wirtschaftspolitischen Instanzen nicht gleichgültig sein, wie das regionale Energieangebot aufgefächert ist. Die Gestaltung des regionalen Energieangebots wird damit zu einer wichtigen Determinante der regionalen Wirtschaftspolitik[84]).

Der standortbestimmende Effekt der Energieversorgung muß aber noch zurückgestellt werden. Vielmehr soll zuerst der Frage nachgegangen werden, wie die regionalen energiewirtschaftlichen Vorstellungen der wirtschaftspolitischen Instanzen aussehen. Mußte man sich in der Vergangenheit auf die mehr oder minder unverbindlichen Äußerungen der Wirtschaftspolitiker zu regionalen und sektoralen Energiefragen verlassen, so kann man sich seit einigen Jahren auf verbindlich-konkrete Angaben stützen. Denn sowohl für die gesamte Bundesrepublik als auch für einige Bundesländer liegen inzwischen Entwicklungsprogramme vor, die zum Teil detaillierte Aussagen über energiewirtschaftliche Zielsetzungen enthalten. Es ist nicht die Aufgabe dieser Untersuchung, alle Entwicklungsprogramme unter energiewirtschaftlichen Gesichtspunkten zu

---

[81]) Das Statistische Bundesamt berechnet die Kapitalintensität als Verhältnis von Bruttoanlagevermögen (in konstanten Preisen) und der Zahl der Erwerbstätigen.

[82]) Vgl. A. STOBBE, a. a. O., S. 274.

[83]) Vgl. dazu Abschnitt IV.

[84]) Das Vorleistungskonzept von Infrastrukturleistungen war bis zum Beginn dieses Jahrhunderts nicht Gegenstand der Planung, „weil der Gedanke, aus öffentlichen Mitteln Infrastruktureinrichtungen als Stimulans der wirtschaftlichen Entwicklung zu schaffen, in dem gegebenen Denken überhaupt keinen Platz hatte". J. WYSOCKI: Infrastruktur und wachsende Staatsausgaben. Das Fallbeispiel Österreich 1868–1913. Stuttgart 1975, S. 180. Eine gegenteilige Auffassung vertritt R. L. FREY, a. a. O., S. 3.

betrachten, lediglich das Landesentwicklungsprogramm Bayern soll im Hinblick auf energiewirtschaftliche Zielsetzungen analysiert werden. Wir versuchen damit der an anderer Stelle entwickelten These vom Modellraum Bayern auch unter diesem Aspekt unserer Aufgabenstellung zu entsprechen.

2. Ziele der Energieversorgung im Landesentwicklungsprogramm Bayern

Infrastrukturinvestitionen werden bekanntlich als eine notwendige Voraussetzung für die wirtschaftliche Entwicklung einer Region angesehen[85]). Will der Staat die wirtschaftliche Entwicklung in bestimmten Landesteilen vorantreiben, muß er die Infrastruktureinrichtungen selbst schaffen bzw. planerisch ermöglichen. Dies trifft insbesondere raumordnungspolitisch auch für die Energieversorgungsunternehmen zu, obwohl diese in der Regel privatwirtschaftlich organisiert sind. Denn der Staat ist letzten Endes für ein ausreichendes und differenziertes Energieangebot in den einzelnen Regionen verantwortlich[86]). Auch müssen wegen des großen Raumbedarfs von Energieerzeugungs- und -verteilungsanlagen die dafür notwendigen Flächen in den Entwicklungsplänen ausgewiesen werden, ganz zu schweigen von den unterschiedlichen Nutzungsansprüchen an den Raum, die raumplanerisch aufeinander abzustimmen sind.

Wenn auch begrifflich verschiedene Worte verwendet werden, so ist man sich inhaltlich in der Literatur darüber einig, daß das Hauptziel energiewirtschaftlich darin besteht, „diejenige Entwicklung des Energiesektors durchzusetzen, welche es ermöglicht, den aktuellen und künftigen Energiebedarf mit den minimalen volkswirtschaftlichen Gesamtkosten auf lange Sicht zu decken"[87]). Derartige allgemeine und globale Formulierungen werden in der Regel dann durch Teil- bzw. Unterziele präzisiert, wenn die Energieversorgung möglichst „sicher", „billig", „unabhängig" und „umweltfreundlich" gewährleistet werden soll[88]). Alle diese Ziele finden sich explizit oder implizit im Landesentwicklungsprogramm Bayern (LEP)[89]) wieder.

Das LEP nennt ausdrücklich als Hauptziel die „Deckung des künftigen Energiebedarfs des Landes"[90]. Mit diesem Ziel wird sehr deutlich der Infrastrukturcharakter der

---

[85]) Nur der Vollständigkeit halber sei erwähnt, daß diese Aussage durch die Wirtschaftsgeschichte nicht erhärtet werden kann; vgl. K. BORCHARDT: Die Bedeutung der Infrastruktur für die sozioökonomische Entwicklung. In: H. ARNDT und D. SWATEK (Hrsg.): Grundfragen der Infrastrukturplanung in wachsenden Wirtschaften, Schr. d. Ver. f. Soc. pol. NF Bd. 58. Berlin 1971, S. 21.

[86]) Dieser Gesichtspunkt stand auch Pate bei der Formulierung des Energiewirtschaftsgesetzes. – Neuerdings ist auch zu bemerken, daß in der Diskussion der Gedanke an die Vorsorge, welche den bürgerschaftlichen Selbstverwaltungsorganen für die materielle Infrastruktur zukommt, stark betont wird. Vgl. dazu z. B. H. MEYSENBURG: „Zukunftssichere Energieversorgung ist vielmehr ein Problem der Gemeinschaft im Sinne langfristiger Lebensvorsorge und der hierauf abzielenden langfristigen Strukturpolitik". In: Energiewirtschaftliche Tagesfragen (1973), S. 354.

[87]) H. K. SCHNEIDER: Zur Konzeption einer Energiewirtschaftspolitik. In: F. BURGBACHER (Hrsg.): Ordnungsprobleme und Entwicklungstendenzen in der deutschen Energiewirtschaft, Theodor Wessels zur Vollendung seines 65. Lebensjahres gewidmet, Essen 1967, S. 26.

[88]) Vgl. z. B. K. FÖRSTER, a. a. O., S. 192 ff. Eine sichere und billige Energieversorgung wird schon in der Präambel zum „Gesetz zur Förderung der Energiewirtschaft (Energiewirtschaftsgesetz)" vom 13.12.1935 gefordert.

[89]) Landesentwicklungsprogramm Bayern, Stand 10. März 1976.

[90]) Ebenda, S. 354.

Energieversorgungseinrichtungen angesprochen: eine ausreichende Versorgung mit Energie ist die Voraussetzung für die Erhaltung und Erhöhung der Produktivkraft der Wirtschaft, des öffentlichen und privaten Wohlstands und damit der Qualität und Sicherung des Lebens jedes einzelnen[91]). Es soll deshalb auch darauf geachtet werden, daß das Energieangebot nicht nur der Menge, sondern auch der Art nach der Nachfrage entspricht, die sich aus der angestrebten Bevölkerungs-, Wirtschafts- und Verkehrsentwicklung ergibt[92]).

Hervorzuheben wäre in diesem Zusammenhang auch, daß nach dem LEP das Energieangebot möglichst auf der Grundlage marktwirtschaftlicher Prinzipien bereitgestellt werden soll. Ein funktionsfähiger Wettbewerb zwischen den einzelnen Unternehmen und den einzelnen Energieträgern sowie eine freie Konsumwahl werden deshalb als notwendig erachtet. Daß die Frage nach der Funktionsfähigkeit des Wettbewerbs auf dem Energiesektor aber problematisch ist, zeigt die Diskussion, die das letztjährige Gutachten der sog. Monopolkommission ausgelöst hat. Da nach Meinung der Monopolkommission auf dem Energiemarkt kein Wettbewerb herrscht, wird die Einrichtung einer Bundesbehörde vorgeschlagen, in der die Preis-, Fach- und Mißbrauchsaufsicht u. a. für Elektrizität und Gas zusammengefaßt werden soll. Demgegenüber lehnt das Bundesministerium für Wirtschaft eine so weitgehende Aufsicht entschieden ab, weil der Wettbewerb bei den genannten Energiearten nicht in dem Maße ausgeschaltet sei, wie es die Monopolkommission beobachtet haben will[93]). Auf jeden Fall bleibt aber festzuhalten, daß im „Bereich der Leitungsmonopole ... eine perfekte Wettbewerbsordnung nicht vorstellbar"[94]) ist.

Die durchschnittliche jährliche Steigerungsrate im Primärenergieverbrauch zwischen 1950 und 1976 lag in Bayern mit 5,3 % erheblich über dem Bundesdurchschnitt von 3,9 %. Mit dieser Zunahme des Energieverbrauchs konnte das heimische Energieaufkommen verständlicherweise nicht Schritt halten. So sank der Anteil der Energiegewinnung im Lande von etwas über zwei Fünftel im Jahre 1950 auf etwa ein Achtel im Jahre 1976. Dieser Rückgang rührt vor allem daher, daß die ausbauwürdigen Wasserkräfte inzwischen weitgehend genutzt sind und Bayern – von Braunkohle abgesehen, deren Förderung Anfang der 80er Jahre aber ausläuft – sonst über keine nennenswerten Energievorräte verfügt. Bayern mußte sich deshalb in seiner Energieversorgung in eine weitgehende Abhängigkeit von anderen Regionen, vor allem vom Ausland, begeben.

Das Deutsche Institut für Wirtschaftsforschung (DIW) hat sich im Auftrag des Bayerischen Staatsministeriums für Wirtschaft und Verkehr gutachtlich geäußert. Diese Arbeit[95]) gibt folgende Prognose für die Entwicklung des Primärenergieverbrauchs in Bayern von 1974 bis 1990[96]):

---

[91]) Vgl. ebenda, S. 351.

[92]) Vgl. ebenda.

[93]) Vgl. Süddeutsche Zeitung Nr. 146 v. 29. 6. 1977. Vgl. dazu auch W. MÖNIG u. a.: Konzentration und Wettbewerb in der Energiewirtschaft. Manuskript München 1977.

[94]) H. K. SCHNEIDER, a. a. O., S. 41.

[95]) LEP, a. a. O., S. 353. Die Verbrauchszahlen für 1975 finden sich in Bayer. Staatsmin. f. Wirtschaft u. Verkehr (Hrsg.): Die Energieversorgung Bayerns 1975. München 1976, S. 39.

[96]) Deutsches Institut für Wirtschaftsforschung: Gutachten im Auftrage des Bayer. Staatsministeriums für Wirtschaft und Verkehr, Teil II: Die künftige Entwicklung des Energiemarktes in Bayern bis zum Jahre 1990, Berlin 1974.

	1974	Untere Variante			Obere Variante		
		1980	1985	1990	1980	1985	1990
in Mio t SKE							
Stein- u. Braunkohle	7,17	3,62	2,48	1,86	3,67	2,63	2,02
Mineralöl	34,34	35,57	36,94	37,48	40,14	43,18	45,14
Gas	4,27	8,02	8,94	11,06	8,55	11,17	14,25
Kernenergie	0,71	5,32	9,58	15,41	7,37	14,19	22,55
Wasserkraft	3,87	3,15	3,25	3,25	3,15	3,25	3,25
Sonstiges	0,50	1,41	1,75	1,96	2,06	2,62	3,40
Stromimporte	0,89	—	—	—	—	—	—
Primärenergieverbrauch gesamt	51,75	57,09	62,94	71,02	64,94	77,04	90,61
in %							
Stein- u. Braunkohle	13,8	6,3	3,9	2,6	5,6	3,4	2,2
Mineralöl	66,4	62,3	58,7	52,8	61,8	56,1	49,8
Gas	8,2	14,1	14,2	15,6	13,2	14,5	15,7
Kernenergie	1,4	9,3	15,2	21,7	11,3	18,4	24,9
Wasserkraft	7,5	5,5	5,2	4,6	4,9	4,2	3,6
Sonstiges	1,0	2,5	2,8	2,7	3,2	3,4	3,8
Stromimporte	1,7	—	—	—	—	—	—
Primärenergieverbrauch gesamt	100,0	100,0	100,0	100,0	100,0	100,0	100,0

Zuverlässige Prognosen über die Entwicklung des Energieverbrauchs sind wissenschaftstheoretisch nur möglich, wenn die Determinanten des Verbrauchs in ihrer zeitlichen Varianz genau bekannt sind. Diese können bei sozioökonomischen Sachverhalten jedoch nur innerhalb gewisser Grenzen abgeschätzt werden. Um die Unsicherheit der künftigen Entwicklung möglichst weitgehend zu berücksichtigen, hat das DIW eine untere und eine obere Variante der wahrscheinlichen Verbrauchsentwicklung bestimmt.

Nach der Prognose des DIW wird der Primärenergieverbrauch in Bayern von 1972 bis 1990 um 2,1% (untere Variante) bzw. 3,5% (obere Variante) p. a. wachsen. Die Zuwachsrate wird sich aber recht unterschiedlich auf die einzelnen Energieträger verteilen. So schrumpft der Anteil der Stein- und Braunkohle fast zur Bedeutungslosigkeit. Die Wasserkraft wird auf einen Anteil von rund 4% zurückgehen, was auf die ausgeschöpften Ressourcen zurückzuführen ist. Die Bedeutung des Mineralöls an Bayerns Primärenergieverbrauch wird ebenfalls abnehmen, dominiert aber auch im Jahre 1990 noch mit einem Anteil von 50%. Der Gasverbrauch wird sich dagegen fast verdoppeln und der Anteil der Kernenergie an der Deckung des Energiebedarfs geradezu in die Höhe schnellen. Auf die Kernenergie soll 1990 gut ein Fünftel bzw. ein Viertel der Primärenergie entfallen[97].

---

[97] Aufgrund der jüngsten Diskussion um die Entsorgung für Kernenergieanlagen ist allerdings fraglich, ob dieser Anteil erreicht werden kann. Wenn nicht, dann dürfte auch der Rückgang des Anteils des Mineralöls weniger stark ausfallen.

Wie das folgende Zahlenbild zeigt, liefert die Entwicklung des Endenergieverbrauchs in Bayern 1974 bis 1990 ein etwas anderes Bild[98]:

	1974	Untere Variante			Obere Variante		
		1980	1985	1990	1980	1985	1990
in Mio. t SKE							
Kohle	2,17	1,02	0,52	0,36	0,92	0,67	0,41
Mineralölprodukte	25,90	25,96	26,80	27,44	30,03	32,41	34,36
Gase	2,93	4,80	6,70	8,90	5,80	8,35	11,40
Strom	4,44	5,96	7,40	9,05	6,90	9,29	11,93
Sonstiges	0,77	1,27	1,60	1,80	1,91	2,46	3,23
Endenergieverbrauch gesamt	36,21	39,01	43,02	47,55	45,56	53,18	61,33
in %							
Kohle	6,0	2,6	1,2	0,8	2,0	1,3	0,7
Mineralölprodukte	71,5	66,5	62,3	57,7	65,9	60,9	56,0
Gase	8,1	12,3	15,6	18,7	12,7	15,7	18,6
Strom	12,3	15,3	17,2	19,0	15,2	17,5	19,5
Sonstiges	2,1	3,3	3,7	3,8	4,2	4,6	5,2
Endenergieverbrauch gesamt	100,0	100,0	100,0	100,0	100,0	100,0	100,0

Die Bedeutung der Kohle, die 1950 noch einen Anteil von 80,7 % hatte, wird bis 1990 auf einen „Erinnerungswert" zurückgehen. Diese Aussage macht zudem besonders deutlich, in welchem energiewirtschaftlichen Umschichtungsprozeß sich Bayern befindet.

Der Anteil der Mineralölprodukte hat seinen Gipfel bereits überschritten und wird weiter abnehmen. Mit weiteren starken Zuwachsraten kann dagegen das Gas rechnen, das 1990 fast ein Fünftel des Endenergiebedarfs decken wird. Auch der Stromverbrauch wird anteilsmäßig zunehmen, allerdings nicht in den Raten wie der Gasverbrauch. Bemerkenswert ist in diesem Zusammenhang weiter, daß der Anteil der Sekundärenergie am Endenergieverbrauch sich von 1950 bis 1975 mit 90 % mehr als verdoppelt hat, und mit einer weiteren Zunahme muß gerechnet werden.

Um auch dem Teilziel Preiswürdigkeit näherzukommen, fordert das LEP eine bestimmte Mindestgröße der Kraftwerksblöcke[99]. Damit befindet sich das LEP in Übereinstimmung mit den Energieaufsichtsbehörden, die entsprechend § 4 EnWG zunehmend versuchen, „ihren Einfluß dahingehend geltend zu machen, daß jeweils nur noch Blockeinheiten ‚technisch erreichbarer Größenordnung' (z. Z. 600 MW für

---

[98] LEP, a. a. O., S. 353. Zu den Verbrauchszahlen für 1975 vgl.: Die Energieversorgung Bayerns 1975, a. a. O., S. 43.
[99] Vgl. LEP, a. a. O., S. 356.

konventionelle Anlagen, 1200 MW für Kernkraftwerke) zugebaut werden"[100]). Ob allein durch großdimensionierte Kraftwerke eine billigere Stromversorgung zu gewährleisten ist[101]), kann jedoch bezweifelt werden. Denn für die Höhe des Strompreises sind neben den Erzeugungs- auch die Verteilungskosten von erheblicher Bedeutung. Diese verlaufen mit zunehmender Leitungslänge progressiv[102]), so daß der Kostensenkungseffekt großer Blöcke durchaus kompensiert werden kann.

Wie aus der Entwicklung des Endenergieverbrauchs ferner ersichtlich ist, wird sich der Stromverbrauch bis 1990 auch nach der unteren Variante mehr als verdoppeln. Ein hoher Stromverbrauch kann mit konventionellen Kraftwerken aber nicht mehr sichergestellt werden. Der Zwang zum Bau von Kernkraftwerken ist damit unausweichlich. Ab 1980 muß deshalb davon ausgegangen werden, „daß der weitaus überwiegende Anteil der neu hinzukommenden Kraftwerkskapazitäten auf Kernenergiebasis erstellt wird"[103]).

Die Planung für Stromverteilungsanlagen zielt auf einen Ausbau des 380-kV-Höchstspannungsnetzes, weil die bisherigen 220-kV- und 110-kV-Netze für den überregionalen Stromtransport zu leistungsschwach sind; sie sollen in Zukunft überwiegend nur noch der regionalen Stromverteilung dienen. Damit werden die 20-kV-Netze überflüssig, die sukzessive durch 110 kV-Leitungen abgelöst werden sollen[104]). Bei den Stromverteilungsanlagen wird demnach zwischen der Bedarfsdeckungsfunktion, die den 380 kV-Netzen zukommt, und der Erschließungsfunktion, die den 110-kV-Netzen übertragen wird, unterschieden.

Neben dem Einsatz von elektrischem Strom wird man dem Teilziel „Umweltschutz" am ehesten gerecht, wenn der Anteil des Erdgases am Endenergieverbrauch überproportional steigt, was ja auch für Bayern zutreffen dürfte. Die prognostizierte Zunahme des Gasverbrauchs läßt sich allerdings nur verwirklichen, wenn die Versorgung aus außerbayerischen Regionen sichergestellt ist und ein leistungsfähiges Leitungssystem für die Verteilung zur Verfügung steht. Auf beides wird die Staatsregierung ihr besonderes Augenmerk richten.

Das herausragende Ereignis in der Mineralölversorgung Bayerns war die Inbetriebnahme von fünf Raffinerien im Raum Ingolstadt–Vohburg–Neustadt in den Jahren 1963 bis 1968. Diese Raffinerien und die Raffinerie Burghausen erhöhen die Versorgungssicherheit Bayerns mit Mineralölprodukten, weil Rohöl in Krisenzeiten flexibler zu beschaffen ist als die vergleichbare Menge der einzelnen Mineralölprodukte. Unter Sicherheitsgesichtspunkten ist auch als positiv zu bewerten, daß das Raffineriezentrum Ingolstadt sowohl durch die transalpine Ölleitung TAL von Triest aus als auch über die zentraleuropäische Pipeline CEL von Genua aus mit Rohöl versorgt wird.

---

[100]) H. STUMPF: Ordnungs- und Planungsfragen der öffentlichen Energieversorgung und Energierechtsreform. In: WIBERA Wirtschaftsberatungs AG (Hrsg.): Wirtschaftliche Infrastruktur, Planung, Organisation, Überwachung, Finanzierung, Erich Potthoff zum 60. Geburtstag, Stuttgart u. a. 1974, S. 35.

[101]) Vgl. z. B. B. NEINHAUS: Die wirtschaftliche Entwicklung der großen Elektrizitätsversorgungsunternehmen in den letzten 20 Jahren nach ihren Jahresabschlüssen. In: Energiewirtschaftliche Tagesfragen (1971), S. 321.

[102]) Vgl. W. SCHENK: Zur Unternehmensgröße in der Versorgungswirtschaft. In: WIBERA Wirtschaftsberatungs AG (Hrsg.), a. a. O., S. 83.

[103]) LEP, a. a. O., S. 356.

[104]) Vgl. ebenda, S. 357.

Durch die eigene Raffineriebasis kann Bayern auch das Unterziel Preiswürdigkeit leichter verwirklichen. Die zentrale Lage der Raffinerien zu den Verbrauchsschwerpunkten erlaubt es, für den Rohöltransport auf kostengünstige Pipelines zurückzugreifen, während die Wege des relativ teuren Fertigproduktvertriebs minimiert werden. Die Preisdifferenz für schweres Heizöl zwischen Hamburg und München sank deshalb von 38,77 DM/t im Jahre 1960 auf 2,32 DM/t im Jahre 1974. Für leichtes Heizöl und Kraftstoffe ergaben sich Einsparungen in einer ähnlichen Größenordnung[105] [106].

3. Beurteilung der energiewirtschaftlichen Zielsetzungen im Landesentwicklungsprogramm Bayern unter regionalpolitischen Aspekten

Bei der Nennung des energiepolitischen Hauptziels im LEP, nämlich der Deckung des zukünftigen Energiebedarfs des Landes, wird darauf hingewiesen, daß dieses Ziel nicht global in dem Sinne zu verstehen ist, daß für Bayern insgesamt der zukünftige Energiebedarf gedeckt sein muß. Es wird vielmehr zugleich der regionale Bezug hergestellt, indem die Deckung des künftigen Bedarfs für alle Landesteile gefordert wird[107].

Auch die übliche Aufspaltung des Hauptziels in die erwähnten Teilziele „Sicherheit", „Billigkeit", „Umweltfreundlichkeit" und „Unabhängigkeit" wird im LEP Bayern vorgenommen, allerdings noch ergänzt durch die Teilziele „sparsame Energieverwendung" und „Verbesserung der regionalen und sektoralen Wirtschaftsstruktur"[108]. Damit wird auch im operationalen Teil des energiepolitischen Leitbildes zum Ausdruck gebracht, daß die Bayerische Staatsregierung der regionalen Determinanten der Energieversorgung eine hohe Bedeutung zumißt[109].

Wenn in dem genannten Zielbündel auch der regionale Aspekt gleichrangig mit den anderen Teilzielen aufgeführt wird, so darf diese Tatsache nicht darüber hinwegtäuschen, daß zwischen diesen Zielen – wie bei allen Zielen des sozioökonomischen Bereichs – Antinomien bzw. Zielkonflikte auftreten. Zielantinomien äußern sich in der Weise, daß nicht alle Teilziele gleichzeitig angestrebt werden können. Maßnahmen, die zur Erreichung eines Teilzieles getroffen werden, beeinflussen ein anderes Teilziel negativ und umgekehrt. So kann z. B. unmittelbar eingesehen werden, daß zwischen den Teilzielen Sicherheit und Billigkeit Antinomie herrscht. Denn die Sicherheit der Energieversorgung erfordert nun einmal z. B. die Anlage von Rohölspeichern, einer zweiten Pipeline usw., was sich negativ auf die Preisgestaltung von Mineralölprodukten auswirken muß.

---

[105] Vgl. dazu auch Anlagen 8 und 9.

[106] Zur Sicherheit und Preiswürdigkeit der bayer. Energieversorgung seit der Errichtung des Raffineriezentrums im Raume Ingolstadt–Vohburg–Neustadt a. d. Donau vgl. auch K. WITZMANN: Oberbayern als Gegenstand einer Raumanalyse unter energiewirtschaftlichen Aspekten. In: Zur Standortproblematik in der regionalen Energiewirtschaft – unter besonderer Berücksichtigung der Landesentwicklung in Bayern –. Forschungs- u. Sitzungsberichte der Akademie für Raumforschung und Landesplanung, Bd. 82, Hannover 1972, S. 95 ff.

[107] LEP, a. a. O., S. 347.

[108] Ebenda.

[109] Über die Bedeutung der Energiewirtschaft im Regionalbereich vgl. W. GUTHSMUTHS: Energiewirtschaftliche Zielsetzungen in der Raumordnungspolitik. In: Probleme der energiewirtschaftlichen Regionalplanung, Forschungs- und Sitzungsberichte der Akademie für Raumforschung und Landesplanung, Bd. 44, Hannover 1968, S. 4.

Um mit den Antinomien in der Praxis fertig zu werden, ist es notwendig, die einzelnen Ziele nicht gleichrangig zu behandeln, sondern in eine Hierarchie zu bringen, d. h. die gesellschaftliche Bedeutung der einzelnen Teilziele zu berücksichtigen. Dies ist ohne eine Bewertung der Teilziele aber nicht möglich, was praktisch auf eine politische Entscheidung über den Wert und damit die Rangfolge der Teilziele hinausläuft.

Im LEP Bayern wird keine Hierarchie der Ziele vorgenommen, sondern es werden nur einige Ziele gegeneinander abgewogen. So wird aufgrund der Entwicklung auf den Energiemärkten das Ziel Sicherheit für wichtiger erachtet als die Preiswürdigkeit[110]. Ferner wird dem Umweltschutz die Priorität gegenüber der Versorgungssicherheit eingeräumt, wenn es „um wesentliche Beeinträchtigungen der Umweltqualität, insbesondere um den Gesundheitsschutz der Bevölkerung, geht"; sonst „ist davon auszugehen, daß beide Ziele vom Standpunkt des öffentlichen Interesses grundsätzlich gleichwertig sind"[111].

Über den Stellenwert des Teilzieles „Verbesserung der regionalen Wirtschaftsstruktur" wird im LEP keine Aussage gemacht. Zwar wird auf die Bedeutung des Energiedargebots und der Energiepreise für die regionale Wirtschaftsentwicklung, d. h. „hinsichtlich der Erhaltung und Erweiterung bestehender oder der Ansiedlung neuer Industrien"[112], hingewiesen, doch fehlen konkrete Angaben über die Relevanz dieses Zieles gegenüber den anderen Zielen. Dies mag darauf zurückzuführen sein, daß die staatliche Einflußnahme – speziell auf die raumökonomische Struktur der Energieversorgung – doch relativ begrenzt ist. Wegen der privatrechtlichen Organisation von Energieversorgungsunternehmen kann der Staat räumliche Zielvorstellungen nicht direkt verwirklichen, sondern lediglich über raumordnende Anreizmittel Menge und Art des Energieangebots regional zu steuern bzw. bestimmte Trassen und Standorte anzubieten versuchen; doch werden die Voraussetzungen für z. B. Finanzhilfen in der Regel nicht als gegeben erachtet[113]. Auch der § 4 EnWG, der dem Wirtschaftsministerium eine energieaufsichtliche Rolle zuweist, vermag hier keine Abhilfe zu schaffen, zumal sich dieses Gesetz nur auf die Elektrizitäts- und Gasversorgung beschränkt. Auch wenn man die von anderen staatlichen Stellen „zu vollziehenden sicherheitsrechtlichen Genehmigungs-, Bewilligungs- oder Erlaubnisverfahren für energiewirtschaftliche Vorhaben hinzuzieht, verbleibt den Planungsträgern in den meisten Fällen ein ganz erheblicher Spielraum, in dem sie ihre raumbedeutsamen Entscheidungen ohne Einflußmöglichkeit der Behörden treffen können"[114].

Vor dem Hintergrund der geringen raumwirksamen Einflußmöglichkeiten der Behörden im Bereich der Energieversorgung müssen auch die Ziele gesehen werden, die für die einzelnen Energieträger im LEP aufgeführt sind.

Wegen des erwähnten hohen Raumbedarfs der Stromerzeugungs- und -verteilungsanlagen muß in einem relativ dicht besiedelten Land wie Bayern der Staat für die Offenhaltung der entsprechenden Flächen planerisch sorgen. Es werden deshalb im LEP großräumige Standorte für Energieerzeugungsanlagen an Main, Donau, Isar und Inn genannt[115]. Die räumlichen Ziele für die Stromverteilungsanlagen beziehen sich vor allem

---

[110] Vgl. LEP, a. a. O., S. 354.

[111] Ebenda. Im gleichen Sinn äußerte sich die Bayer. Staatsregierung schon im Jahre 1973; vgl. Bayer. Staatsmin. für Wirtschaft u. Verkehr (Hrsg.): Energieprogramm I. Grundlinien zu einem Energieprogramm für Bayern, München 1973, S. 42 f.

[112] Ebenda, S. 355.

[113] Ebenda, S. 351.

[114] Ebenda.

[115] Vgl. ebenda, S. 348.

auf das 380-kV-Netz, das die Koppelung des bayerischen Höchstspannungsnetzes mit dem westdeutschen und dem österreichischen Versorgungsnetz sicherstellen soll. Dazu sind Trassen z. B. in den Räumen Niederbayern, Oberpfalz, Oberfranken und dem südlichen Oberbayern offenzuhalten, wobei der Verlauf der Trassen relativ genau beschrieben wird[116]).

Die 110-kV-Netze sollen in Zukunft nur noch der regionalen Versorgung dienen. Aus diesem Grunde hält es die Bayerische Staatsregierung für nicht möglich, hierfür Zielprojektionen anzugeben. Denn der Ausbau dieser Netze hängt im wesentlichen von der wirtschaftlichen Entwicklung in den einzelnen Regionen ab, die nicht vorausgeschätzt werden kann. Wegen der zu erwartenden Zunahme des Stromverbrauchs muß allerdings mit einer erheblichen räumlichen Beanspruchung in allen Landesteilen durch die 110-kV-Leitungen gerechnet werden. Dabei werden sich vor allem Antinomien mit dem Umweltschutz ergeben. Die bereits zu beobachtende Sensibilisierung der Bevölkerung in bezug auf die Linienführung von Trassen läßt zumindest erwarten, daß der zur ausreichenden Stromversorgung notwendige Leitungsbau in einzelnen Regionen verzögert wird. Im Bericht über die Energieversorgung Bayerns im Jahre 1975[117]) ist von „Trassenschwierigkeiten" bereits die Rede.

Das Teilziel „sparsame Energieverwendung" kommt u. a. in der Forderung des LEP damit zum Ausdruck, daß „dort, wo sich die Kraftwerksabwärme wirtschaftlich verwerten läßt, Möglichkeiten für deren Nutzung vorzusehen"[118]) sind. Diese Forderung resultiert aus der Tatsache, daß der Wirkungsgrad des Umwandlungsprozesses von thermischer in elektrische Energie nicht allzu groß ist. Die Ausnutzung der Primärenergie läßt sich jedoch erheblich steigern, wenn eine Kraft-Wärme-Koppelung durchgeführt wird, oder mit anderen Worten: der Wirkungsgrad von Heizkraftwerken liegt erheblich über dem Wirkungsgrad reiner Elektrizitätswerke und reiner Heizkraftwerke.

Bei Heizkraftwerken kommt der räumlichen Dimension eine erhebliche Bedeutung zu. Denn die Wärmeverteilungsanlagen erfordern einen hohen Kapitalaufwand und verursachen erhebliche Leitungsverluste, so daß sie nur in ökonomischen Verdichtungsgebieten wirtschaftlich betrieben werden können. Die Heizkraftwerke müssen also sehr viel näher an die Verbrauchszentren heranrücken, was die ohnehin große räumliche Belastung der Ballungsgebiete noch erhöht. Doch wird der Einsatz von Heizkraftwerken in Bayern noch nicht als vordringlich erachtet[119]); anders ist es kaum zu erklären, daß im LEP keine Standorträume vorgeschlagen werden bzw. die Groß- und Mittelstädte nicht angehalten werden, geeignete Räume offenzuhalten. Sicherlich spielt auch eine große Rolle, daß juristische Fragen, z. B. ein Anschlußzwang, noch nicht ausdiskutiert sind.

Wegen der günstigen Umwelteigenschaften und technologischer Vorzüge erwartet man für den Erdgasverbrauch in Bayern, wie erwähnt, relativ hohe Zuwachsraten. Aufgrund der hohen Verteilungskosten sind die ländlichen Regionen jedoch bei der Erdgasversorgung entwicklungsmäßig benachteiligt. Unter dem Blickwinkel einer Angleichung der Lebensbedingungen in Stadt und Land hält es die Bayerische Staatsregierung aber für

---

[116]) Vgl. ebenda.
[117]) Vgl. Die Energieversorgung Bayerns 1975, a. a. O., S. 16.
[118]) Ebenda, S. 349.
[119]) Man rechnet erst vom Ende der achtziger Jahre an mit dem Bau von regionalen Fernwärmenetzen; vgl. W. SIMON: Wirtschaftswachstum und Energiebedarf. In: Siemens AG (Hrsg.): Energie für morgen, Beiträge aus Politik, Wirtschaft, Technik, Forschung, Berlin/München 1975, S. 17.

erforderlich, „diesen Energieträger auch in Regionen zu transportieren, die in dieser Hinsicht benachteiligt waren"[120]). Neben der Schaffung eines leistungsfähigen Verbundsystems zwischen den west- und osteuropäischen Verteilungssystemen soll deshalb vor allem der Ausbau der Erdgasleitungen in strukturschwachen Gebieten vorangetrieben werden, wobei auch an den Einsatz von öffentlichen Mitteln gedacht wird, um die Rentabilität sicherzustellen.

Raffinerien können einen Kristallisationspunkt für Folgeindustrien bilden[121]). Der Raum Ingolstadt–Vohburg–Neustadt wird weiterhin als der Raum angesehen, der in erster Linie für die Erweiterung der Raffineriekapazität in Frage kommt[122]). Zwar wird es zur Verbesserung der regionalen Wirtschaftsstruktur als notwendig erachtet, noch andere Raffineriestandorte auszuweisen, doch dürfte wegen der bestehenden beiden Pipelines in Ingolstadt dieser Raum aus betriebswirtschaftlicher Sicht kaum erreichbar sein; außerdem können die bestehenden Raffineriekapazitäten den Bedarf Bayerns auf absehbare Zeit decken.

In einer Gesamtschau läßt sich festhalten, daß in räumlicher Hinsicht im LEP sowohl positive als auch negative Elemente zu verzeichnen sind. Als positiv, ja sogar sehr positiv ist zu bewerten, daß in einem Entwicklungsprogramm überhaupt die räumliche Komponente eines Fachbereichs angesprochen wird. Denn die Bezugnahme auf konkrete räumliche Situationen ist in Entwicklungsprogrammen relativ selten anzutreffen, weil viel standortpolitische Risikofreudigkeit dazugehört, sich auf etwas festzulegen, was in all seinen Konsequenzen noch gar nicht überblickt werden kann. Konkretwerden und Offenhalten verschiedener Alternativen sind nun einmal Sachverhalte, die sich in der Regel gegenseitig ausschließen. Insofern sollte auch nicht überbewertet werden, wenn das Ansprechen der räumlichen Komponente im LEP in der Regel unter dem Vorbehalt geschieht, daß in einem noch zu verabschiedenden Energieprogramm auch etwas anderes bestimmt werden könnte[123]).

Demgegenüber ist dem LEP kein Hinweis zu entnehmen, wie die Bayer. Staatsregierung das räumliche Teilziel „Verbesserung der regionalen Wirtschaftsstruktur" gegenüber den anderen erwähnten Teilzielen der Energieversorgung bewertet. Wenn gar keine Rangordnung unter den verschiedenen Teilzielen getroffen worden wäre, so dürfte man annehmen, daß das räumliche Teilziel in gleichberechtigte Konkurrenz mit den anderen Teilzielen eintreten könnte. Da aber über die „klassischen" Teilziele der Energieversorgung die erwähnten Prioritätsüberlegungen stattgefunden haben, ist davon auszugehen, daß der räumlichen Komponente der Energieversorgung eine geringere Bedeutung als diesen zukommt.

---

[120]) LEP, a. a. O., S. 359.

[121]) Über die Auswirkungen der Raffineriekonzentration auf die wirtschaftliche Entwicklung des Raumes Ingolstadt vgl. E. F. GERLACH: Wandlungen der Standortstruktur in der Energiewirtschaft der Bundesrepublik und ihre Auswirkungen auf die regionale wirtschaftliche Entwicklung. In: Probleme der energiewirtschaftlichen Regionalplanung, a. a. O., S. 54 ff.

[122]) Vgl. LEP, a. a. O., S. 361 f.

[123]) Vgl. dort z. B. S. 348.

IV. Energieversorgung als Standortfaktor

1. Kriterien der unternehmerischen Standortwahl

Alle Wirtschaft ist räumlich gelagert. So banal dieser Satz auch klingen mag, es muß festgehalten werden, daß die Nationalökonomie sich erst relativ spät mit der räumlichen Dimension der Wirtschaft beschäftigt hat. Die räumliche Lagerung der produzierenden und konsumierenden Wirtschaftseinheiten wurde allerdings auch erst dann als raumrelevantes Problem erkannt, als die durch die räumliche Differenzierung hervorgerufenen Unterschiede im Wirtschaftserfolg offenbar wurden.

Die räumliche Dimension der Wirtschaft äußert sich in der Standortgebundenheit der Wirtschaftssubjekte. Alle produzierenden und konsumierenden Wirtschaftseinheiten sind an bestimmten Punkten im Raum gelagert[124]), die wir als Standorte bezeichnen. Es ist der geometrische Ort, „an dem das Unternehmen produziert oder – allgemeiner ausgedrückt – seine Leistungen erstellt; der Ort also, zu dem hin es die Produktionsfaktoren bringen muß, die im Prozeß der Leistungserstellung transformiert werden sollen und von dem aus die Erzeugnisse an die Abnehmer herangebracht werden müssen"[125]). Ein mannigfaltiges Geflecht von Güteraustausch- und Kommunikationsbeziehungen verbindet die einzelnen Standorte miteinander, zeigt deren gegenseitige Abhängigkeit auf und bildet auf diese Weise eine Determinante des gesellschaftlichen Produktionsprozesses.

Trotz auf den ersten Blick nicht erkennbarer Gesetzmäßigkeiten sind die Standorte nicht willkürlich im Raum gestreut. Es bedurfte vielmehr mannigfaltiger Überlegungen und Entscheidungen, um im Einzelfall gerade diesen und nicht einen anderen Standort auszuwählen. Auf der Suche nach einem Kriterium, welches die unternehmerische Standortwahl erleichtert oder sogar hilft, in der Fülle möglicher Standorte den optimalen Standort zu finden, stößt man in marktwirtschaftlichen Ordnungen auf ein Prinzip, das sowohl in der Standorttheorie als auch bei anderen ökonomischen Theorien heute noch durchweg unterstellt wird: das Prinzip der Gewinnmaximierung (manchmal auch der Rentabilitätsmaximierung)[126]). Es besagt, grob gesprochen, daß der Unternehmer bei mehreren möglichen Standorten denjenigen auswählen wird, der ihm den höchsten Gewinn verspricht.

Die Orientierung des Unternehmers am Gewinnprinzip[127]) macht deutlich, daß die Standortwahl darüber entscheiden kann, ob das Unternehmen im Wettbewerb bestehen wird. Die Standortwahl wird damit zu einer unternehmerischen Planungsaufgabe ersten Ranges, deren Güte vor allem von den zur Verfügung stehenden Informationen über relevante Raumdaten abhängt. Denn die Wahl eines Standortes birgt nicht nur eine einmalige langfristige Bindung von Kapital in sich, sondern zieht als Konsequenz in den folgenden Jahren noch weitere Investitionen nach. Dieser Gesichtspunkt ist dafür entscheidend, daß eine einmal eingegangene räumliche Bindung eine gewisse Beharrungs

---

[124]) Vgl. dazu auch H. KREUTER: Industrielle Standortaffinität und regionalpolitische Standortlenkung. Dargestellt am Beispiel Baden-Württembergs. Berlin 1974, S. 13 f.

[125]) H. JACOB: Zur Standortwahl der Unternehmungen. Wiesbaden 1967, S. 235.

[126]) Vgl. E. v. BÖVENTER: Bemerkungen zur optimalen Standortpolitik der Einzelunternehmung. In: Gestaltungsprobleme der Weltwirtschaft, Festschrift für Andreas Predöhl, Jahrb. f. Soz.wiss. 14 (1964), S. 441.

[127]) Zu anderen Formulierungen vgl. K. CHR. BEHRENS: Allgemeine Standortbestimmungslehre. 2. Aufl. Opladen 1971, S. 33 f. u. S. 42.

tendenz aufweist, obwohl der Standort im Laufe der Zeit für das Unternehmen ungünstig geworden sein kann. Man spricht in diesem Zusammenhang oft auch von traditionellen Standorten[128], die unter „rationalen" Gesichtspunkten eigentlich aufgegeben werden müßten. Doch es läßt sich eine solche Aussage nur unter der Bedingung einer vollkommenen Mobilität der Kapitalgüter formulieren, die bekanntlich nicht immer vorhanden ist. Der Unternehmer wird deshalb bei sich ändernden Standortfaktoren Anpassungsmaßnahmen ergreifen, ohne gleich eine Verlegung des Standorts in Erwägung zu ziehen. Aufgrund dieser sog. „historischen Komponente" weisen traditionelle Standorte eine gewisse Beharrungstendenz auf, die erst durchbrochen wird, wenn die Standortverlagerungskosten geringer ausfallen als die Vorteile, die der neue Standort bietet.

Diese Feststellungen lassen sich selbstverständlich nur für bestehende Unternehmungen treffen. Bei Neugründungen bzw. Betriebserweiterungen fallen dagegen keine Verlagerungskosten an. Und doch ist auch hier in der Regel eine Sogwirkung in Richtung der traditionellen industriellen Standortagglomerationen festzustellen. Dies mag ganz allgemein auf das Vorhandensein externer Ersparnisse (Fühlungsvorteile) zurückzuführen sein, was sich z. B. in qualifizierten Arbeitskräften, Lieferverflechtungen, Marktkenntnissen usw. äußert. Man könnte diese mehr qualitativen Merkmale vielleicht mit dem Begriff „Produktionsklima" umschreiben, das in den traditionellen industriellen Standortregionen besonders günstig ist.

Bei der Wahl des optimalen – oder genauer gesagt gewinnmaximalen – Standortes hat es der Unternehmer mit zwei ökonomischen Größen zu tun, nämlich dem Erlös und den Kosten[129]. Da die topographische Beschaffenheit der Erdoberfläche nicht homogen ist und auch die natürlichen und künstlich geschaffenen Produktionsbedingungen nicht homogen über den Raum verteilt sind, werden sowohl die Erlöse als auch die Kosten von Ort zu Ort, von Region zu Region differieren. Der Unternehmer ist deshalb gezwungen, für alle in Betracht kommenden Standorte die erlös- und kostenbeeinflussenden Faktoren zu sichten und sie gegeneinander abzuwägen, um deren Vorteile zu nutzen bzw. Nachteile zu vermeiden. Alle erlös- und kostenbeeinflussenden Faktoren werden im allgemeinen Standortfaktoren genannt. Traditionell zählen zu ihnen die Rohstoffe, der Absatz, die Arbeitskräfte und die Transportkosten; Standortentscheidungen, die damit nicht erklärbar sind, beruhen auf außerökonomischen und irrationalen Faktoren[130].

Wenn es sich nicht gerade um einen monopolistisch beherrschten Markt handelt, stehen dem Unternehmer in erster Linie nur die Kostenbestandteile als Aktionsparameter offen. Diese kostenorientierte Definition der Standortfaktoren kommt auch bei ALFRED WEBER zum Ausdruck, wenn er unter einem Standortfaktor „einen seiner Art nach scharf

---

[128] Zu dieser „historischen Komponente" des marktwirtschaftlichen Systems vgl. z. B. R. JOCHIMSEN, a. a. O., S. 109 ff.

[129] Eine genaue Betrachtung der Gewinnkomponenten Erlös bzw. Ertrag und Kosten findet sich in J. BLOECH: Optimale Industriestandorte. Würzburg/Wien 1970, S. 13 ff.

[130] Zur Bedeutung der nichtökonomischen Faktoren für die unternehmerische Standortwahl vgl. z. B. H. BREDE: Bestimmungsfaktoren industrieller Standorte. Eine empirische Untersuchung, Berlin/München 1971, S. 111 ff.; vgl. dazu auch: K. OETTLE: Kommunale Interessen an der Industrieansiedlung und die Aufgabe ihrer ordnungspolitischen Beeinflussung. In: L. MÜLHAUPT, K. OETTLE (Hrsg.): Gemeindewirtschaft und Unternehmerwirtschaft. Festschrift für Rudolf Johns, Göttingen 1965, S. 157 ff.

abgegrenzten Kostenvorteil, der einen bestimmten Industrieprozeß hierhin oder dorthin zieht"[131]), versteht.

Nach vergeblichen Versuchen von A. SCHÄFFLE, W. ROSCHER und auch W. LAUNHARDT gelang es ALFRED WEBER, eine partialanalytische industrielle Standorttheorie zu entwickeln[132]), nach der Unterschiede in den Produktionskosten mit unterschiedlichen Transportkosten erklärt werden können. Bei der Ableitung der Theorie unterteilt ALFRED WEBER die Materialien in Ubiquitäten und sog. lokalisierte Materialien. Mit Ubiquitäten bezeichnet er alle diejenigen produktionsnotwendigen Güter, die in allen Teilräumen einer Volkswirtschaft vorhanden sind; lokalisierte Materialien sind dagegen in ihrem Vorkommen auf bestimmte Räume, in der Regel ihre Fundstellen, beschränkt.

Die Einteilung der Materialien in Ubiquitäten und lokalisierte Materialien wird manchmal auf die Standortfaktoren allgemein übertragen. Man kommt dann zu Aussagen, daß z. B. die ungelernte Arbeit in der Regel eine Ubiquität darstellt, während die auf spezielle Tätigkeiten geschulte Arbeitskraft nur an bestimmten Orten anzutreffen ist. Mit dieser Begriffserweiterung kann man dann so argumentieren, daß in der Bundesrepublik Deutschland die elektrische Energie und auch die wichtigsten Mineralölprodukte zu den Ubiquitäten gerechnet werden können, während das Erdgas als lokalisiert bezeichnet werden muß.

Wie die Analyse der Standortfaktoren seit ALFRED WEBER offengelegt hat, müssen bestimmte Standortfaktoren in einem Raum vorhanden sein und nicht erst geschaffen werden, wenn sie standortbestimmend wirken sollen. Unter diesem Aspekt erscheint die Forderung vertretbar, das Energieangebot in einer Region über den derzeitigen Bedarf hinaus zu erweitern, um eine Sogwirkung auf ansiedlungswillige Industriebetriebe auszuüben. Bei einer derartigen Forderung wird jedoch übersehen, daß die Infrastruktureinrichtungen einen Komplex darstellen, dessen Bestandteile nur in ihrer Gesamtheit, nicht aber isoliert einen Beitrag zur Regionalentwicklung zu leisten vermögen – es sei denn, bei einem Infrastrukturbestandteil, z. B. der Energieversorgung, handelt es sich um den sog. Minimumfaktor. Außerdem verbietet sich eine solche Maßnahme auch unter Wirtschaftlichkeitsaspekten. Denn wegen der bereits beschriebenen hohen Kapitalintensität von Energieversorgungsanlagen kann es den Versorgungsunternehmen nicht zugemutet werden, ein Energieangebot in Regionen vorzuhalten, dessen kurz- bzw. mittelfristige Verwertung mehr als fragwürdig ist. Dies hängt grundsätzlich nicht mit der in der Regel privatrechtlichen Organisation der Energieversorgungsunternehmen zusammen; auch öffentlich-rechtliche Unternehmen würden auf kein Verständnis in der Bevölkerung stoßen, wenn mit Steuermitteln Energieversorgungsanlagen erstellt würden, die auf absehbare Zeit keine Nutzungen abzugeben vermögen. In diesem Zusammenhang darf auch daran erinnert werden, daß es sich beim oft bedauerten Mangel an Infrastrukturleistungen in der Regel nicht um Leistungen handelt, die von privaten Unternehmen angeboten werden.

Der Vorleistungscharakter von Infrastrukturinvestitionen in dem Sinn, daß zuerst Infrastrukturanlagen in einer Region erstellt sein müssen, bevor eine erfolgversprechende Industrialisierungspolitik betrieben werden kann, zieht hier nicht als Argument. Denn

---

[131]) ALFRED WEBER: Industrielle Standortlehre (Allgemeine und kapitalistische Theorie des Standorts). In: Grundriß der Sozialökonomik VI. Abt. Industrie, Bauwesen, Bergwesen, 2. Aufl. Tübingen 1923, S. 61.

[132]) Vgl. F. HÖSCH: Der Raum in volkswirtschaftlicher Sicht. In: Raumforschung und Raumordnung 29 (1971) 1, S. 1 ff.

zwischen einer Minderauslastung, z. B. bei Verkehrsanlagen oder Bildungseinrichtungen und einer Nichtverwendung, wie es bei Energieanlagen der Fall wäre, besteht doch ein qualitativer Unterschied. Ausbau der Energieversorgung und Industrialisierung können sinnvollerweise nur sukzessive bzw. im Gleichschritt vorgenommen werden. Ein alleiniger Ausbau der Energieversorgungsanlagen wäre nur dann als Impulsgeber für eine regionale Entwicklung wirtschaftlich vertretbar, wenn in der Region ungenutzte Produktionsressourcen einer Zunahme des Energieangebots harrten und komplementäre Infrastruktureinrichtungen bereits vorhanden wären.

2. Die Bedeutung der Energie für die Standortwahl

Die Energieversorgung als Teil der materiellen Infrastruktur eines Raumes stellt, wie in Abschnitt III/1 dargelegt, einen der grundlegenden Standortfaktoren dar[133]). Dabei ist zu berücksichtigen, daß die Energieversorgung als Standortfaktor einmal die Entscheidungen von standortsuchenden Unternehmen beeinflußt und somit einzelwirtschaftliche Bedeutung hat, zum anderen aber die Energieversorgung damit auch auf die Entwicklung eines Raumes einwirkt und insofern erhebliche gesamtwirtschaftliche Bedeutung erlangt. Es muß somit davon ausgegangen werden, „daß die Energiewirtschaft – genauso wie der Verkehr – eine der Grundlagen für die wirtschaftliche Entwicklung eines Gebietes abgibt"[134]) [135]).

Für die Standortwahl von Unternehmen kommt der Energieversorgung grundsätzlich eine zweifache Bedeutung zu[136]). Einmal werden an das Vorhandensein von Energieträgern gewisse Mindestanforderungen in quantitativer und qualitativer Hinsicht gestellt, wobei diese Energieträger sowohl in ihrer Eigenschaft als Rohstoff (beispielsweise in der Petrochemie) als auch in ihrer Eigenschaft als eigentliche „Nutzenergie" in Form von Wärme, Licht und Kraft zu berücksichtigen sind. Zum anderen werden die Standortentscheidungen von regional unterschiedlichen Energiekosten bzw. -preisen beeinflußt. ARENS [137]) stellt hierzu in einem anderen Zusammenhang fest: „Energie ist als komplementärer Produktionsfaktor und komplementäres Produktionsgut nicht substituierbar. Die Substitutionselastizität für Energie als Ganzheit ist auch langfristig praktisch gleich Null. Aus dieser Eigenschaft der Energie als Produktionsfaktor leitet sich die volkswirtschaftliche Bedeutung der Energiepreise ab. Denn teure Energie kann nicht durch einen billigeren Produktionsfaktor substituiert werden. Lediglich ein Austauschen von teuren gegen billigere Energieträger ist mittel- bis langfristig möglich".

---

[133]) Zur Energietechnik als Faktor der Versorgungsplanung und Standortpolitik vgl. auch W. GUTHSMUTHS: Raumwirtschaftliche Probleme im Bereich der regionalen Energiewirtschaftspolitik, a. a. O., S. 9 ff.

[134]) K. FÖRSTER, a. a. O., S. 167.

[135]) Vgl. hierzu auch E. F. GERLACH, a. a. O., S. 15 ff.; J. LINDENLAUB: Energieimpulse und regionale Wachstumsdifferenzierung. München 1968.

[136]) Zu den Wandlungen des Energiemarktes und den damit verbundenen Konsequenzen für Industriestandorte vgl. J. H. MÜLLER: Die räumlichen Auswirkungen der Wandlungen im Energiesektor. In: Energiewirtschaft und Raumordnung, Forschungs- und Sitzungsberichte der Akademie für Raumforschung und Landesplanung, Bd. XXXVIII, Hannover 1967, S. 21 ff.

[137]) H. J. ARENS: Zur Theorie und Technik räumlicher Verteilung von Energieversorgungsanlagen. Gräfelfing-München 1975, S. 94 f.

Unter Energiekosten können allgemein die Kosten verstanden werden, „die bei den Endverbrauchern von Energie zur Umwandlung in Wärme, Kraft und Licht anfallen"[138]. Bei den privaten Verbrauchern lassen sich nur die direkten Energiekosten statistisch erfassen, bei der Industrie daneben auch die indirekten Energiekosten als Aufwand für Energie, der in den von anderen Unternehmen bezogenen Vorleistungen enthalten ist. „Die Summe der direkten und indirekten Energiekosten stellt die gesamte Energiekostenbelastung eines Wirtschaftszweiges dar"[139]. Bei der Standortwahl kommt dabei primär den direkten Energiekosten Bedeutung zu. Untersuchungen[140] zeigen, daß der Anteil der direkten Energiekosten an den Gesamtkosten etwa bei der Grundstoff- und Produktionsgüterindustrie zwischen 3 und 17% liegt, während die entsprechenden Kostenanteile bei der Investitionsgüterindustrie zwischen 1 und 3%, bei der Verbrauchsgüterindustrie zwischen 1 und 9% und bei der Nahrungs- und Genußmittelindustrie zwischen 0,5 und 5% ausmachen. Diese Werte, die auf den Kosten- bzw. Preisverhältnissen von 1974 basieren, haben sich, wie ein Vergleich mit den Werten des Jahres 1972 zeigt[141], durch die Energiepreissteigerungen im Gefolge der Energiekrise sehr deutlich erhöht. Die Zunahmen machen bei einzelnen Wirtschaftszweigen in diesem kurzen Zeitraum bis zu 36% aus (Industrie der Steine und Erden).

Generell kann festgestellt werden, daß bei regional unterschiedlichen Energiekosten bzw. -preisen die Auswirkungen dieser Energiepreisdifferenzen auf die Standortentscheidungen von der relativen Bedeutung des Kostenfaktors Energie an den gesamten Produktionskosten des jeweiligen Unternehmens sowie von den übrigen Standortfaktoren abhängig sind. Dabei gilt, daß der Einfluß eines bestimmten Faktors auf die Standortentscheidung kaum erklärt werden kann, wenn die Bedeutung der übrigen Standortfaktoren nicht bekannt ist. Nach LINDENLAUB[142] können Wirkungen regionaler Energiepreisdifferenzen auf Standortentscheidungen nur dann angenommen werden, wenn der Anteil der direkten Energiekosten an den Gesamtkosten eines Unternehmens bei mehr als 5% liegt. In den übrigen Fällen wird das Gewicht des Faktors „Energiekosten" wohl zurecht als zu gering angesehen, so daß selbst größere Energiepreisdifferenzen die Standortentscheidungen von Unternehmen nur noch in Einzelfällen beeinflussen.

Unter dieser Prämisse sind in der Bundesrepublik Deutschland gegenwärtig folgende Industriezweige bei Standortentscheidungen von regional unterschiedlichen Energiepreisen beeinflußbar (in der Reihenfolge des Anteils der direkten Energiekosten an den gesamten Kosten; ohne Bergbau):

in der Grundstoff- und Produktionsgüterindustrie:	– die eisenschaffende Industrie,
	– die Industrie der Steine und Erden,
	– die zellstoff- und papiererzeugende Industrie,
	– die Eisen-, Stahl- und Tempergießereien,
	– die chemische Industrie,
	– die NE-Metallindustrie;
in der Verbrauchsgüterindustrie:	– die Glasindustrie,
	– die feinkeramische Industrie.

---

[138] Deutsches Institut für Wirtschaftsforschung, Gutachten, Teil III, a. a. O., S. 216.
[139] Ebenda, S. 216.
[140] Nach Berechnungen des Deutschen Instituts für Wirtschaftsforschung, Berlin.
[141] Vgl. Deutsches Institut für Wirtschaftsforschung, Gutachten, Teil III, a. a. O., S. 218 ff.
[142] Vgl. J. LINDENLAUB, a. a. O., S. 201 ff.; vgl. auch H. J. ARENS: „Zur Theorie...", a. a. O., S. 27 ff.

Auf die Investitionsentscheidungen der Investitionsgüterindustrie sowie der Nahrungs- und Genußmittelindustrie hätten regionale Energiepreisunterschiede nach diesen Prämissen somit keinen Einfluß. Zu beachten ist allerdings, daß sich bei einzelnen Betrieben oder gar Produktionen zum Teil erheblich höhere Energiekostenanteile als aus dieser globalen Zusammenstellung ersichtlich ergeben können.

Ob die Standortwahl von Unternehmen dieser obengenannten Wirtschaftszweige im Einzelfall tatsächlich von regionalen Energiepreisdifferenzen beeinflußt wird, ist unbestimmt. Dies ist zwar potentiell der Fall, hängt aber, wie bereits angedeutet, von folgenden Faktoren ab: dem Gewicht der Energiekosten unter den anderen standortbestimmenden Faktoren sowie den sonstigen Angebotsbedingungen und regionalen Unterschieden in den Preisen, Quantitäten und Qualitäten dieser anderen Standortfaktoren[143]). Untersuchungen haben ergeben, daß unter Berücksichtigung dieser Faktoren bei Industriezweigen mit Energiekosten von über 5% der Einfluß der Energiepreise auf Standortentscheidungen selbst dann nur sehr gering oder überhaupt nicht gegeben ist,
- wenn diese Unternehmen transportkostenempfindliche Rohstoffe (Gewichtsverlustmaterialien) einsetzen,
- wenn sie transportkostenempfindliche Endprodukte erzeugen und
- wenn sie Fertigungsstoffe verwenden, die nicht in allen Orten zu gleichen Bedingungen angeboten werden[144]).

Zusammenfassend kann festgestellt werden, daß die Energie für industrielle Betriebe als komplementärer Standortfaktor anzusehen ist. Relativ hohe Energiekosten müssen jedoch, auch wenn durch sie Standortnachteile gegeben sind, keineswegs notwendig zu Standortverlagerungen führen. Andererseits können aber, und dies dürfte der in der Praxis wesentlich relevantere Fall sein, vor allem bei energieintensiven Industriezweigen günstige Energiepreise durchaus mit entscheidend bei der Standortwahl für eine geplante Neuansiedlung oder auch Erweiterung entsprechender Betriebe sein.

Eine Analyse der Entwicklung des Standortfaktors Energie in den letzten Jahren oder gar Jahrzehnten zeigt, daß die Bedeutung der Energie für die Standortwahl nach zunächst relativ dominierendem Einfluß in einzelnen Wirtschaftszweigen zumindest bis zur Energiekrise 1973/74 mehr und mehr abgenommen hat. Dies beruhte neben der fortschreitenden Nivellierung der Energiepreise[145]) auf der tendenziellen Abnahme des Anteils der Energiekosten an den Gesamtkosten der Unternehmen. Mit der damit einhergehenden relativen Verbilligung der Treibstoffpreise (verglichen mit anderen Preisen) sanken die Transportkosten und schrumpften damit die ökonomischen Entfernungen entlegener Räume, so daß deren Standortungunst geringer wurde. Seit den exorbitanten Preissteigerungen des Kostenfaktors Energie im Gefolge der Energiekrise hat sich diese Entwicklung allerdings wieder ins Gegenteil verkehrt, wobei gegenwärtig noch nicht abzusehen ist, welche konkreten Auswirkungen diese Entwicklung auf die

---

[143]) Vgl. Deutsches Institut für Wirtschaftsforschung, Gutachten, Teil III, a. a. O., S. 249.

[144]) Vgl. H. J. Arens: „Zur Theorie...", a. a. O., S. 30; J. Lindenlaub, a. a. O., S. 202.

[145]) Beispiele für Standortverlagerungen aufgrund unterschiedlicher Energiepreise im europäischen Raum finden sich etwa bei Ch. Engel: Industrielle Energiekosten, Wettbewerbsfähigkeit und Wirtschaftswachstum, hrsg. von der BP Benzin und Petroleum AG, Hamburg 1967, S. 32 ff. Vgl. hierzu auch Deutsches Institut für Wirtschaftsforschung, Gutachten, Teil III, a. a. O., S. 224; J. Lindenlaub, a. a. O., S. 106 ff.; H. K. Schneider: Energiewirtschaft und Raumordnung. In: Handwörterbuch der Raumforschung und Raumordnung, Bd. 1, 2. Aufl., Hannover 1970, Sp. 596. – Für das Beispiel der Mineralölpreise vgl. auch die Tabellen in den Anlagen 9 und 10.

Standortentscheidungen von Unternehmen hat. Ein Entwicklungstrend, daß Industrieneuansiedlungen oder -erweiterungen vor allem energieintensiver Branchen mehr und mehr in solchen Regionen oder gar in anderen Staaten vorgenommen werden, die vergleichsweise geringere Energiekosten aufweisen, zeichnet sich aber bereits ab.

Unter betriebswirtschaftspolitischen Aspekten führt eine derartige Entwicklung in der Regel zu Standortspaltungen, die, wie z. B. aus zahlreichen Auslandsinvestitionen in jüngster Zeit zu erkennen ist, in den Bereich der weltwirtschaftlichen Arbeitsteilung gehören. Darin liegt aber auch eine der Standortgemeinschaft völlig entgegengesetzte Entwicklung, die sich – schon fast historisch – insbesondere für den Freistaat Bayern feststellen läßt und aus Gründen der Vollständigkeit einer standortpolitischen Betrachtung nicht übersehen werden sollte. Gemeint sind die im Zuge der sozioökonomischen Eingliederung der Heimatvertriebenen und Flüchtlinge entstandenen neuen Städte und Gemeinden in Bayern. Auf ehemaligen Rüstungsanlagen bildeten sich – in der Verbindung mit Wohnsiedlungen – betriebswirtschaftliche Standortgemeinschaften, zum überwiegenden Teil getragen von Industriezweigen, die für die bayerische Gesamtwirtschaft neu waren. Im Zusammenhang mit der Thematik unserer Untersuchung ist dabei von Bedeutung, daß im Bereich der infrastrukturellen Grundausstattung die wichtigsten Standortfaktoren im Sinne von Kostenelementen und Standortfühlungsvorteilen, allen voran die Energieversorgung – aber auch die Ver- und Entsorgung auf dem Gebiet des Wassers, der Straßen- und Wegenetze, des Bahnanschlusses und der Fernsprecheinrichtungen –, zur Begründung von Industrieansiedlungen gegeben waren. Diese Standortgemeinschaften, die sich mit eigenen sozialen und ökonomischen Prägungen in den letzten zwei bis drei Jahrzehnten, beispielhaft in Bayern, zu lebenskräftigen Gemeinwesen entwickelt haben, sind, wie ein Blick in die facheinschlägige Literatur zeigt, in der raumwirtschaftlichen Forschung und in der landesplanerischen Praxis mit viel Aufmerksamkeit bedacht worden[146]).

---

[146]) So vermittelt die Arbeit von Otto SCHÜTZ über „Die neuen Städte und Gemeinden in Bayern" einen umfassenden Einblick in das Instrumentarium der infrastrukturellen Grundausrüstung, erschienen als Band 48 der Abhandlungen – zugleich als Arbeitsergebnis der LAG-Bayern – der ARL, Hannover 1967. – Vgl. für weitergehende Untersuchungen W. GUTHSMUTHS: Die Eingliederung als Gegenstand der Landesplanung, in: Schriftenreihe „Raumforschung und Landesplanung – Beiträge zur regionalen Aufbauplanung in Bayern", Heft 6, München 1958; Neuere betriebswirtschaftliche Entwicklungstendenzen im Leitbild der Standortpolitik unter besonderer Berücksichtigung des Betriebsgrößenproblems, Beitrag in der Gedenkschrift für F. K. Rößle („Führungsprobleme personenbezogener Unternehmen"), Stuttgart 1968.

V. Probleme regionaler Disparitäten in der Energieversorgung der Bundesrepublik Deutschland

Dem im vorangegangenen Abschnitt aufgezeigten Aspekt der Energie als Standortfaktor kommt auch bei Standortentscheidungen von Unternehmen innerhalb der Bundesrepublik Deutschland insoweit besondere Bedeutung zu, als hier zum Teil nicht unerhebliche Disparitäten in der Energieversorgung zu verzeichnen sind. Diese Disparitäten bestehen sowohl hinsichtlich der Kosten wie der Sicherheit der Energieversorgung. Bedeutsam ist dabei ferner, daß die Energiepolitik der Bundesregierung diese zum Nachteil einzelner, insbesondere revierferner, Länder bestehenden regionalen Disparitäten bisher nicht vermindert, sondern im Gegenteil eher verschärft hat. Ein Beispiel hierfür ist das Dritte Verstromungsgesetz[147]. Das Gebiet der Bundesrepublik Deutschland kann hinsichtlich der Energieversorgung nicht als einheitlicher Wirtschaftsraum in dem Sinne behandelt werden, daß lediglich die Verbesserungen der Gesamtenergieversorgung betrachtet werden. Auch für die Energiepolitik muß das regionalpolitische Grundziel der Herstellung gleichwertiger Lebensbedingungen und damit auch Wirtschaftsentwicklungschancen in allen Teilräumen gelten. Das sehr begrenzte energiepolitische Instrumentarium, das den Ländern zur Verfügung steht, reicht allein nicht aus, um die quasi naturbedingt vorgegebenen (z. B. revier- und küstenferne Lage, topographische Besonderheiten, Flächenstaat, spezielle Siedlungsstruktur, Knappheit an heimischen Energieträgern) und die durch energiepolitische Maßnahmen insbesondere der Bundesregierung hinzugetretenen regionalen Benachteiligungen in einzelnen Ländern auszugleichen.

Eine Bestandsaufnahme dieser regionalen Ungleichgewichte in den einzelnen Bereichen der Energieversorgung der Bundesrepublik Deutschland zeigt zusammengefaßt folgendes Bild:

Im *Kohlebereich* ist die sehr ungleiche Verteilung der Kohlelagerstätten – sowohl bei Stein- als auch bei Braunkohle – und damit zunächst die in quantitativer Sicht sehr unterschiedliche Verfügbarkeit über diese Energieträger in einzelnen Teilräumen der Bundesrepublik Deutschland anzusprechen. Diesem Aspekt kommt aber nicht nur hinsichtlich der Verfügbarkeit und damit der Sicherheit, sondern vor allem auch hinsichtlich der Kosten der Energieversorgung besondere Bedeutung zu. Einerseits werden die Kohleverbraucher in den revierfernen Ländern beim Bezug von Steinkohle mit hohen Transportkosten belastet[148] – die für die Verstromung außerordentlich kostengün

---

[147]) Vgl. Gesetz über die weitere Sicherung des Einsatzes von Gemeinschaftskohle in der Elektrizitätswirtschaft (Drittes Verstromungsgesetz) vom 13.12.1974 (BGBl. I S. 3473). Zur Sicherung des Steinkohleneinsatzes in der Elektrizitätswirtschaft besteht nach § 2 ein Ausgleichsfonds, dessen Mittel gem. § 4 Abs. 1 durch eine Ausgleichsabgabe aufgebracht werden. Schuldner dieser Ausgleichsabgabe, die nach § 6 an die Verbraucher weitergegeben wird, sind nach § 4 Abs. 2 die Elektrizitätsversorgungsunternehmen, die Elektrizität an Endverbraucher liefern, sowie Eigenerzeuger von Elektrizität, soweit sie diese selbst verbrauchen. Die Ausgleichsabgabe besteht in einem Prozentsatz der aus dieser Lieferung erzielten Erlöse bzw. des Wertes der im eigenen Unternehmen selbst erzeugten und verbrauchten Elektrizität ohne Kraftwerkseigenbedarf (derzeit 4,5 %). Durch diese Regelung werden Verbraucher in Gebieten mit höheren Strompreisen überproportional belastet. Die Fördermaßnahmen des Gesetzes kommen im übrigen primär den Reviergebieten zugute. – Im Jahr 1976 erhielt beispielsweise Bayern Zuschußzahlungen aus dem Ausgleichsfonds in Höhe von 66,1 Mio. DM (= 5,6 %), mußte aber 201,8 Mio. DM (= 15,9 %) in diesen Fonds einbezahlen. Für Nordrhein-Westfalen lauten die entsprechenden Zahlen dagegen 551,9 Mio. DM (= 47,1 %) bzw. 431,6 Mio. DM (= 34,2 %).

[148]) So betragen beispielsweise die Bahnfrachten für Steinkohle vom Ruhrgebiet nach Bayern ca. 40,– DM/t.

stige Braunkohle ist ökonomisch nicht transportfähig –, andererseits erhalten die Kohle-Reviergebiete erhebliche Subventionen aus dem Bundeshaushalt[149]), denen keine adäquaten Hilfen für die Verbesserung der Energieversorgungssituation in den revierfernen Ländern gegenüberstehen. Hinzu kommt, daß die Stromverbraucher auch in diesen Gebieten mit der Ausgleichsabgabe nach dem Dritten Verstromungsgesetz, dem sog. „Kohlepfennig", wesentlich zur Absatzsicherung der Steinkohle beitragen; das Aufkommen aus dieser Ausgleichsabgabe beträgt derzeit durchschnittlich 1,4 Mrd. DM pro Jahr. Schließlich sei noch angeführt, daß auch die Importkohle aufgrund der derzeitigen Kontingentierung nur unwesentlich zur Verbesserung der Energieversorgungssituation in einzelnen Regionen beitragen kann.

Im *Mineralölbereich* bestehen gegenwärtig keine überregionalen Versorgungsprobleme. Sowohl Nord- als auch Süddeutschland werden – von verschiedenen Seehäfen ausgehend – über leistungsfähige Pipelinesysteme versorgt, die allerdings, was aus Gründen der Versorgungssicherheit bedenklich erscheint, zwischen Raunheim (bei Frankfurt) und Mannheim nicht miteinander verbunden sind[150]). Die Verarbeitungszentren sind seit dem Ausbau der Raffinerien im Südwesten (Raum Karlsruhe–Mannheim, ab 1962) und im Süden (Raum Ingolstadt–Neustadt, ab 1963) der Bundesrepublik Deutschland regional weitgehend gleichmäßig verteilt[151]). Ein einheitlicher Markt gewährleistet eine überwiegend parallele Preisentwicklung bei allerdings regionaler Differenzierung[152]), insbesondere zu Lasten strukturschwacher Regionen[153]). Im übrigen sind hinsichtlich des Aspekts der Versorgungssicherheit die partiell extrem hohen Anteile des Mineralöls an der Deckung des Energiebedarfs in einigen Regionen sowie die regional sehr ungleiche Verteilung der Mineralölvorräte als nicht unproblematisch anzusehen. So betrug beispielsweise im Jahr 1975 in Bayern der Anteil des Mineralöls an der Deckung des Primärenergiebedarfs 67,9 % und am Endenergiebedarf 72,1 %; die Zahlen für die Bundesrepublik Deutschland insgesamt sind entsprechend „nur" 52,3 % bzw. 57,8 %.

---

[149]) Die Subventionen aus dem Bundeshaushalt zugunsten der Steinkohle liegen bei 1 Mrd. DM pro Jahr. Sie umfassen vor allem Sozialleistungen für Bergarbeiter, Stillegungs- und Strukturhilfen.

[150]) Vgl. hierzu die Karte in Anlage 6., die einen Überblick über den Verlauf der Rohöl-Pipelines und die Raffineriestandorte in der Bundesrepublik Deutschland gibt.

[151]) Zu den Veränderungen der Raffineriestandortstruktur in der Bundesrepublik Deutschland vgl. u. a. J. KRUSE: Energiewirtschaft. Strukturuntersuchung des IFO-Instituts. München 1971, S. 158 ff.; H. MAYER, a. a. O., S. 142 ff.; E. RIFFEL: Mineralöl-Fernleitungen im Oberrheingebiet und in Bayern. Diss. Mannheim 1970, S. 47 ff.; H. STREICHER: Raffineriestandorte und Rohrleitungspolitik. Hamburg 1963, S. 61 ff.
Vgl. hierzu auch die Tabelle in Anlage 7, aus der die regionale Verteilung der Raffineriekapazitäten in der Bundesrepublik Deutschland von 1950–1976 hervorgeht.

[152]) Vgl. hierzu die Tabelle in den Anlagen 8 und 9.

[153]) So heißt es in dem 1976 herausgegebenen Grenzlandbericht des Bayerischen Staatsministeriums für Wirtschaft und Verkehr: Die der Energiekrise 1973/74 „folgenden Preiserhöhungen für Mineralölprodukte haben ein spezifisches regionales Preisproblem bei der Mineralölversorgung im bayerischen Grenzland weiter verstärkt. Die Weiträumigkeit und die Randlage Bayerns führt gerade für die strukturschwachen bayerischen Gebiete bei verhältnismäßig weiten Entfernungen von Raffineriestandorten zu einer höheren Transportkostenbelastung und damit zu höheren Preisen bei Mineralölprodukten als in den günstiger zu den Raffinerien gelegenen Gebieten"; Bayerisches Staatsministerium für Wirtschaft und Verkehr (Hrsg.): Bericht über die wirtschaftliche Entwicklung der strukturschwachen Gebiete Bayerns – Grenzlandbericht –. München 1976, S. 123.

Bezüglich des *Gasbereichs* ist festzustellen, daß das Gas-Ferntransportsystem – auch in regionaler Hinsicht – im allgemeinen zufriedenstellend ausgebaut ist[154]). So werden sogar über die „Erdgasdrehscheibe" Bundesrepublik Deutschland andere europäische Länder mitversorgt.

In regionalwirtschaftlicher und regionalpolitischer Hinsicht sehr unbefriedigend sind demgegenüber der nur unzureichende Ausbau oder gar das völlige Fehlen von Erdgasverteilungsnetzen insbesondere in einigen schwächer strukturierten Regionen sowie zum Teil erhebliche Preisunterschiede zwischen einzelnen Versorgungsgebieten.

Im *Elektrizitätsbereich* ist gegenwärtig die Versorgung in allen Regionen der Bundesrepublik Deutschland durch die verfügbaren Kraftwerkskapazitäten und den Stromverbund[155]) gewährleistet. Die weitere Sicherung der Stromversorgung erfordert allerdings einen weiteren Ausbau der Stromerzeugungskapazitäten, insbesondere im Grundlastbereich und hier vor allem durch Kernkraftwerke[156]), sowie der Transportnetze. Während die Qualität der Stromversorgung in der Bundesrepublik Deutschland generell als hoch bezeichnet werden kann, bestehen ganz erhebliche Strompreisunterschiede zwischen den einzelnen Regionen bzw. den einzelnen Versorgungsgebieten der Elektrizitätsversorgungsunternehmen. So lagen zum Beispiel am 1.1.1976, bedingt durch höhere Stromerzeugungskosten insbesondere aufgrund der im Durchschnitt höheren Primärenergiekosten und vor allem durch die strukturbedingt wesentlich höheren Stromverteilungskosten, die Strompreise im Bayernwerksbereich bei verschiedenen typischen Abnahmeverhältnissen um 15–39 % über denen des RWE; der durchschnittliche Preisunterschied zum RWE betrug immerhin 23,5 %[157]).

Die gegenwärtig absehbare Entwicklung läßt – bei Fortführung der bisherigen Energiepolitik durch die Bundesregierung – eher eine Vergrößerung der oben skizzierten regionalen Disparitäten in der Energieversorgung erwarten. Auch durch einen steigenden Anteil der Kernenergie an der Deckung des Strombedarfes können die Strompreisdifferenzen nur begrenzt abgebaut werden, da diese zum größeren Teil in den durch die Struktur der Versorgungsgebiete bedingten unterschiedlichen Verteilungskosten begründet sind[158]) [159]).

Die regionalen Disparitäten in der Energieversorgung haben, neben dem Aspekt einer unterschiedlich einzuschätzenden Sicherheit der Energieversorgung in den verschiedenen Regionen der Bundesrepublik Deutschland, vor allem nachstehende Folgen, die – neben der differenzierten Verfügbarkeit über einzelne Energieträger – insbesondere aus den unterschiedlichen Energiepreisen bzw. Energiekosten resultieren:

---

[154]) Vgl. hierzu die Karte in Anlage 10.

[155]) Zum gegenwärtigen Ausbaustand der überregionalen Höchstspannungsnetze vgl. die Karte in Anlage 11.

[156]) Vgl. hierzu die entsprechenden Ausführungen in Abschnitt II/3 dieser Arbeit.

[157]) Vgl. hierzu die vom Verband der Energie-Abnehmer e. V. regelmäßig herausgegebenen Bundes-Strompreisvergleiche für Sonderabnehmer elektrischer Energie.

[158]) Der Anteil der Verteilungskosten an den gesamten Stromgestehungskosten liegt im Durchschnitt bei 40 %.

[159]) Wesentlich optimistischer wurde diese Entwicklung noch 1970 von Schneider gesehen, während Müller den Einfluß der Verteilungskosten offensichtlich völlig unberücksichtigt gelassen hat; vgl. H. K. SCHNEIDER, a. a. O., Sp. 595 f. und H. J. MÜLLER, a. a. O., S. 24.

- eine unterschiedliche Kostenbelastung für gewerbliche und private Verbraucher,
- eine unterschiedliche Wettbewerbsfähigkeit der Wirtschaft in Regionen mit differenziertem Energieangebot in quantitativer, qualitativer und preislicher Hinsicht sowie
- unterschiedliche Standortbedingungen in einzelnen Räumen, was vor allem bei Betriebserweiterungen und -neugründungen Bedeutung erlangt.

Gerade dem letzten Punkt kommt in regionalwirtschaftlicher und regionalpolitischer Hinsicht besondere Relevanz zu, zumal Zahl und Umfang von Betriebserweiterungen und -neugründungen aufgrund sich abzeichnender Sättigungstendenzen in vielen Bereichen und damit geringer werdenden Absatzchancen noch weiter zurückgehen dürften. Bei dem Einfluß, den die Energieversorgung auf Standortentscheidungen ausübt, sind – entsprechend wie bei anderen Standortfaktoren – zwei Kategorien von Standorteffekten zu unterscheiden. Zum einen der primäre Standorteffekt, der auf der Bedeutung des Produktionsfaktors Energie beruht, zum anderen der sekundäre Standorteffekt, „der auf der entwicklungspolitischen Relevanz der Schlüsselindustrien ... basiert, die in ihrer Standortwahl von[160])" regionalen Energiepreisdifferenzen beeinflußt werden". Die Einflüsse speziell unterschiedlicher Energiepreise auf Standortentscheidungen und damit letztlich auf die Raumstruktur gingen zwar, worauf im vorhergehenden Abschnitt bereits hingewiesen wurde, mit dem sinkenden spezifischen Energieverbrauch in den vergangenen Jahren gerade auch in energieintensiven Produktionen mehr und mehr zurück. Durch die seit der Energiekrise 1973/74 eingetretenen Energiepreissteigerungen dürfte aber hier wieder eine entgegengesetzte Entwicklung eingeleitet worden sein. Genauere Angaben hierüber liegen allerdings noch nicht vor, jedoch ist die Tendenz dazu durchaus erkennbar.

Die Aufgabe muß somit heute mehr denn je sein, die regionalen Disparitäten in der Energieversorgung der Bundesrepublik Deutschland abzubauen, um der Verwirklichung des Ziels näherzukommen, in allen Regionen gleichwertige Lebensbedingungen und Wirtschaftsentwicklungschancen zu erreichen[161]. Diese Forderungen nach einem Abbau der Disparitäten werden, nachdem sie von einzelnen Bundesländern schon seit Jahren erhoben wurden[162], von der Bundesregierung bisher aber weitgehend unberücksichtigt geblieben sind, nun offenbar auch von ihr als berechtigt angesehen. Von Ende 1975 bis Mitte 1977 hat eine Bund-Länder-Arbeitsgruppe die regionalen Unterschiede in der Energieversorgung der Bundesrepublik Deutschland analysiert und Möglichkeiten zu ihrem Abbau diskutiert. Inwieweit entsprechende Vorschläge von der Bundesregierung aufgenommen werden, wird sich erweisen, wenn sie Ende 1977 die Zweite Fortschreibung ihres Energieprogrammes vorlegt.

(Abschluß des Manuskripts: August 1977)

---

[160]) H. J. ARENS: Energiepolitik zwischen Struktur- und Raumordnungspolitik. In: Energiewirtschaftliche Tagesfragen (1974) 10, S. 497.

[161]) GANSER stellt in einem anderen Zusammenhang fest: „Der Auftrag der Raumordnung und Landesplanung, in allen Landesteilen gleichwertige Lebensbedingungen zu verwirklichen, bedeutet in der gegenwärtigen Situation vorrangig den Abbau großräumiger Disparitäten"; K. GANSER: Einführung zu dem Heft „Energieverknappung und Raumordnung", Informationen zur Raumentwicklung (1974) 3, S. 71.

[162]) So etwa wieder vom Bayerischen Staatsminister für Wirtschaft und Verkehr, A. JAUMANN, in dem Vorwort des Berichts „Die Energieversorgung Bayerns 1975", a. a. O.

VI. Literaturverzeichnis

Monographien

ARENS, H. J.: Zur Theorie und Technik räumlicher Verteilung von Energieversorgungsanlagen. Gräfelfing/München 1975.

Bayer. Staatsministerium für Wirtschaft und Verkehr (Hrsg.): Energie für Bayern, 12 Jahre Energiepolitik in Bayern, München 1970.

– Die Entwicklung der bayerischen Gaswirtschaft in den Jahren 1970–71, München 1973.

– Energieprogramm I. Grundlinien zu einem Energieprogramm für Bayern, München 1973.

– Die Energieversorgung Bayerns 1975, München 1976 und 1977.

– Bericht über die wirtschaftliche Entwicklung der strukturschwachen Gebiete Bayerns – Grenzlandbericht –, München 1976.

BEHRENS, K. Chr.: Allgemeine Standortbestimmungslehre. 2. Aufl., Opladen 1971.

BLOECH, J.: Optimale Industriestandorte, Würzburg/Wien 1970.

BREDE, H.: Bestimmungsfaktoren industrieller Standorte. Eine empirische Untersuchung. Berlin/München 1971.

Bundesanstalt für Geowissenschaften und Rohstoffe: Die künftige Entwicklung der Energienachfrage und deren Deckung – Perspektiven bis zum Jahre 2000, Hannover 1976.

Bundesministerium für Wirtschaft (Hrsg.): Erste Fortschreibung des Energieprogramms der Bundesregierung, Bonn 1974.

– Daten zur Entwicklung der Energiewirtschaft in der Bundesrepublik Deutschland im Jahre 1975, Bonn 1976.

BURCHARD, H. J.: Sichere Energie – preiswerte Energie. Ein energiepolitischer Zielkonflikt, Kiel 1968.

Deutsche BP AG (Hrsg.): Energie 2000. Tendenzen und Perspektiven, Hamburg 1977.

Deutsches Institut für Wirtschaftsforschung u. a.: Die künftige Entwicklung der Energienachfrage in der Bundesrepublik Deutschland und ihre Deckung, T. I., Berlin/Essen/Köln 1977 (=Gemeinschaftsgutachten).

Deutsches Institut für Wirtschaftsforschung: Gutachten im Auftrage des Bayer. Staatsministeriums für Wirtschaft und Verkehr, Teil II: Die künftige Entwicklung des Energiemarktes in Bayern bis zum Jahre 1990, Berlin 1974.

– Teil III: Ziele für eine bayerische Energiepolitik, Berlin 1975.

– Teil IV: Maßnahmen für eine bayerische Energiepolitik, Berlin 1976.

ENGEL, Ch.: Industrielle Energiekosten, Wettbewerbsfähigkeit und Wirtschaftswachstum. Hrsg. von der BP Benzin und Petroleum AG., Hamburg 1967.

Erdgas Südbayern GmbH: Studie – Entwurf – über eine energiewirtschaftliche Erschließung des südostbayerischen Raumes mit Erdgas, München 1976.

Exxon Corporation: World Energy Outlook. Exxon Background Series 4/77, New York 1977.

Förster, K.: Allgemeine Energiewirtschaft, 2. Aufl., Berlin 1973.

Frey, R. L.: Infrastruktur. Grundlagen der Planung öffentlicher Investitionen, Tübingen/Zürich 1970.

Gattinger, J., Russ, H.: Vorausschätzung des realen Bruttosozialproduktes für die Bundesrepublik Deutschland bis 1980 sowie Ausblick auf die Jahre 1985 und 1990. Hrsg. vom IFO-Institut, München 1977.

Jacob, H.: Zur Standortwahl der Unternehmungen, Wiesbaden 1967.

Hirschman, A. O.: Die Strategie der wirtschaftlichen Entwicklung, Stuttgart 1967.

Jochimsen, R.: Theorie der Infrastruktur, Tübingen 1966.

Krengel, R., Koch, K.: Der Kostenfaktor Energie in der westdeutschen Industrie, Berlin 1962.

Kreuter, H.: Industrielle Standortaffinität und regionalpolitische Standortlenkung. Dargestellt am Beispiel Baden-Württemberg, Berlin 1974.

Kruse, J.: Energiewirtschaft. Strukturuntersuchung des IFO-Institutes, München 1971.

Landesentwicklungsprogramm Bayern, Hrsg. Bayerisches Staatsministerium für Landesentwicklung und Umweltfragen, München 1976.

Liebrucks, M., Kummer, H.: Grundlagen einer regionalwirtschaftlich orientierten Energiepolitik im norddeutschen Raum. DIW-Sonderheft Nr. 91, Berlin 1972.

— Entwicklungstendenzen des Energieeinsatzes in der deutschen Elektrizitätswirtschaft. DIW-Sonderheft Nr. 92, Berlin 1972.

Lindenlaub, J.: Energieimpulse und regionale Wachstumsdifferenzierung, München 1968.

Meadows, D.: Die Grenzen des Wachstums. Bericht des Club of Rome zur Lage der Menschheit, Stuttgart 1972.

Müller-Michaelis, W.: Energie '85. Daten und Tendenzen der energiewirtschaftlichen Entwicklung in der Bundesrepublik Deutschland. Hrsg. von der BP Benzin und Petroleum AG, Hamburg 1972.

Ott, A. E.: Wirtschaftswachstum und Energieverbrauch in Baden-Württemberg, Tübingen 1975.

Porth, H.: Erdgas- und Ferngasleitungen in der Bundesrepublik Deutschland und im europäischen Verbundsystem, Essen 1971.

Schönauer, G.: Marktprozesse in der öffentlichen Energiewirtschaft und deren volkswirtschaftliche Beurteilung, Köln 1973.

Scholz, R.: Gemeindliche Gebietsreform und regionale Energieversorgung. Zu den Grenzen gemeindlicher Betätigungsfreiheit auf dem Gebiet der leitungsgebundenen Energieversorgung. Berlin/München 1977.

Schreiber, B.: Der spezifische Energieverbrauch der Industrie. Schriftenreihe des IFO-Instituts Bd. 57, München 1964.

Stobbe, A.: Volkswirtschaftslehre I. Volkswirtschaftliches Rechnungswesen, 4. Aufl., Berlin u. a. 1976.

Streicher, H.: Raffineriestandorte und Rohrleitungspolitik, Hamburg 1963.

Vorstand der SPD (Hrsg.): Energie – ein Diskussionsleitfaden. Forum SPD, Bonn 1977.

Weiss, D.: Infrastrukturplanung. Ziele, Kriterien und Bewertung von Alternativen, Berlin 1971.

Wysocki, J.: Infrastruktur und wachsende Staatsausgaben. Das Fallbeispiel Österreich 1868–1913, Stuttgart 1975.

Youngson, A. J.: Overhead Capital. A Study in Development Economics, Edinburgh 1967.

Beiträge in Sammelwerken und Zeitschriften

Arens, H. J.: Energiepolitik zwischen Struktur- und Raumordnungspolitik; in: Energiewirtschaftliche Tagesfragen (1974).

Bauer, L.: Gegenwärtiger Stand und Entwicklungstendenzen der Gesamtenergiewirtschaft; in: Elektrotechnik und Maschinenbau 94 (1977).

Behrens, K. Ch.: Standortlehre – Bedeutungswandel der Faktoren; in: Der Volkswirt 20 (1966).

v. Böventer, E.: Bemerkungen zur optimalen Standortpolitik der Einzelunternehmung; in: Gestaltungsprobleme der Weltwirtschaft. Festschrift für Andreas Predöhl. Jahrbuch für Sozialwissenschaft 14 (1964).

Borchardt, K.: Die Bedeutung der Infrastruktur für die sozioökonomische Entwicklung; in: Arndt, H., Swatek, D. (Hrsg.): Grundfragen der Infrastrukturplanung in wachsenden Wirtschaften. Schriften des Vereins für Socialpolitik NF Bd. 58, Berlin 1971.

Dolinski, U.: Die Entwicklungstendenzen des Energieverbrauchs in Süddeutschland im kommenden Jahrzehnt; in: DIW-Wochenbericht 38 (1971).

Domscheit, H. J.: Energiewirtschaft und Energiepolitik in Bayern als Gegenstand der Raumordnung; in: Band 44 (Raum und Energie 1) der Forschungs- und Sitzungsberichte der ARL, Hannover 1968.

Fischler, H.: Die energiewirtschaftliche Situation Mittelfrankens aus regionalplanerischer Sicht; in: Band 82 (LAG-Bayern 2) der Forschungs- und Sitzungsberichte der ARL, Hannover 1972.

Ganser, K.: Einführung zu dem Heft „Energieverknappung und Raumordnung"; in: Informationen zur Raumentwicklung (1974).

Geiger, L.: Die grenzlandwirtschaftliche Situation der Oberpfalz im Blickfeld der Energieversorgung; in: Band 44 (Raum und Energie 1) der Forschungs- und Sitzungsberichte der ARL, Hannover 1968.

Gerlach, E. F.: Wandlungen der Standortstruktur in der Energiewirtschaft der Bundesrepublik und ihre Auswirkungen auf die regionale wirtschaftliche Entwicklung; in: Forschungs- und Sitzungsberichte der ARL, Bd. 44, Hannover 1968.

Guthsmuths, W.: Raumprobleme der Energiewirtschaft, in: Festschrift „Raumforschung – 25 Jahre Raumforschung in Deutschland", Hrsg. Akademie für Raumforschung und Landesplanung, Bremen 1960.

- Energiewirtschaftliche Zielsetzungen in der Raumordnungspolitik; in: Forschungs- und Sitzungsberichte der ARL Bd. 44, Hannover 1968.
- Neuere betriebswirtschaftliche Entwicklungstendenzen im Leitbild der Standortpolitik. Beitrag zur Gedenkschrift für K. F. Rößler, Stuttgart 1968.
- Raumwirtschaftliche Probleme im Bereich der regionalen Energiewirtschaftspolitik; in: Forschungs- und Sitzungsberichte der ARL Bd. 82, Hannover 1972.

Hösch, F.: Der Raum in volkswirtschaftlicher Sicht; in: Raumforschung und Raumordnung 29 (1971).

Jochimsen, R., Gustafsson, K.: Infrastruktur; in: Handwörterbuch der Raumforschung und Raumordnung, Bd. II, 2. Aufl., Hannover 1970.

Lipton, M.: Balanced and Unbalanced Growth in Underdeveloped Countries; in: Economic Journal 72 (1962).

Mandel, H.: Möglichkeiten und Grenzen von Substitutionsprozessen im Energiebereich; in: Elektrizitätswirtschaft 74 (1975).

Mayer, H.: Mineralölverarbeitung in der Bundesrepublik Deutschland; in: Energie 27 (1975).

Meysenburg, H.: Grundsätzliche Gedanken zu einem bundesdeutschen Energiekonzept, in: Energiewirtschaftliche Tagesfragen (1973).

Mückl, W. J.: Die Auswirkungen der Energieverteuerung auf die Wirtschaft der Bundesrepublik; in: Der Bürger im Staat (1976).

Neinhaus, B.: Die wirtschaftliche Entwicklung der großen Elektrizitätsversorgungsunternehmen in den letzten 20 Jahren nach ihren Jahresabschlüssen; in: Energiewirtschaftliche Tagesfragen (1971).

Oehme, W.: Hat die Ölindustrie noch eine Zukunft?; in: Mineralöl-Rundschau 24 (1976).

Oettle, K.: Kommunale Interessen an der Industrieansiedlung und die Aufgabe ihrer ordnungspolitischen Beeinflussung; in: Mülhaupt, L., Oettle, K. (Hrsg.): Gemeindewirtschaft und Unternehmerwirtschaft. Festschrift für Rudolf Johns, Göttingen 1965.

Pietzsch, W.: Grundsatzfragen zur Standortorientierung bei Kraftwerksplanungen in Bayern; in: Band 82 (LAG-Bayern 2) der Forschungs- und Sitzungsberichte der ARL, Hannover 1972.

Schenk, W.: Zur Unternehmensgröße in der Versorgungswirtschaft; in: WIBERA Wirtschaftsberatungs AG (Hrsg.): Wirtschaftliche Infrastruktur, Planung, Organisation, Überwachung, Finanzierung. Erich Potthoff zum 60. Geburtstag. Stuttgart 1974.

Schneider, H. K.: Zur Konzeption einer Energiewirtschaftspolitik; in: Burgbacher, F. (Hrsg.): Ordnungsprobleme und Entwicklungstendenzen in der deutschen Energiewirtschaft. Theodor Wessels zur Vollendung seines 65. Lebensjahres gewidmet, Essen 1967.

- Energiewirtschaft und Raumordnung; in: Handwörterbuch der Raumforschung und Raumordnung, Bd. I., 2. Aufl., Hannover 1970.

Schweikert, H.: Zur Planung der Energieversorgung in Stadtagglomerationen; in: Schweizerische Zeitschrift für Volkswirtschaft und Statistik 109 (1973).

SIMON, W.: Wirtschaftswachstum und Energiebedarf; in: Siemens AG (Hrsg.): Energie für morgen. Beiträge aus Politik, Wirtschaft, Technik, Forschung. Berlin/München 1975.

STOHLER, J.: Zur rationalen Planung der Infrastruktur; in: Konjunkturpolitik 11 (1965).

STUMPF, H.: Ordnungs- und Planungsfragen der öffentlichen Energieversorgung und Energierechtsreform; in: WIBERA Wirtschaftsberatungs AG (Hrsg.): Wirtschaftliche Infrastruktur. Planung, Organisation, Überwachung, Finanzierung. Erich Potthoff zum 60. Geburtstag. Stuttgart 1974.

WAGNER, G.: Auswirkungen der Energie- und Mineralölverknappung auf die Entwicklung der Produktions- und Standortstruktur; in: Informationen zur Raumentwicklung (1974).

WEBER, Alfr.: Industrielle Standortlehre (Allgemeine und kapitalistische Theorie des Standorts); in: Grundriß der Sozialökonomik VI. Abt. Industrie, Bauwesen, Bergwesen. 2. Aufl., Tübingen 1923.

WITZMANN, K.: Oberbayern als Gegenstand einer Raumanalyse unter energiewirtschaftlichen Aspekten; in: Forschungs- und Sitzungsberichte der ARL Bd. 82. Hannover 1972.

Sonstiges

BYSCHOWSKI, D.: Die Wirkungen energiewirtschaftlicher Investitionen auf die Verteilung der Wirtschaftstätigkeit im Raum. Diss. München 1968.

Elektrizität und Wärme. Versorgungskonzept der Schweiz bis zum Jahre 2000; in: Bulletin des Schweizerischen Elektrotechnischen Vereins 66 (1975).

Energiewirtschaft und Raumordnung. Band XXXVIII (6. Wiss. Plenarsitzung) der Forschungs- und Sitzungsberichte der ARL, Hannover 1967.

Fachlicher Entwicklungsplan „Kraftwerksstandorte" des Landes Baden-Württemberg, Landtagsdrucksache 6/7799, Stuttgart 1975.

FRANKE, H. (Hrsg.): Lexikon der Physik, Stuttgart 1969.

Gesetz über die weitere Sicherung des Einsatzes von Gemeinschaftskohle in der Elektrizitätswirtschaft (Drittes Verstromungsgesetz), BGBl. I, S. 3473, Bonn 1974.

Grundlinien und Eckwerte für die Fortschreibung des Energieprogramms; in: Bulletin des Presse- und Informationsamtes der Bundesregierung Nr. 30, Bonn 1977.

GUTHSMUTHS, W.: Die Eingliederung als Gegenstand der Landesplanung, Heft 6 der Schriftenreihe „Raumforschung und Landesplanung – Beiträge zur regionalen Aufbauplanung in Bayern", München 1958.

Informationsmaterial – Amtl. Veröffentlichungen, Literatur und Darstellung des Programms „Energieforschung und Energietechnologie 1977–1980"; in: Informationsbrief 3/77 des Bundesministers für Forschung und Technologie, Bonn 1977.

KNIEHASE, G.: Der Einfluß der Energiewirtschaft auf den Standort der Industrien. Diss. Breslau 1937.

Konsequenzen des vom F.D.P.-Hauptausschuß geforderten Kernenergie-Moratoriums, Memorandum herausg. vom Deutschen Atomforum e.V., Bonn 1977.

KRENGEL, R., u. a.: Produktionsvolumen und -potential, Produktionsfaktoren der Industrie im Gebiet der Bundesrepublik Deutschland einschl. Saarland und Berlin (West). Stat. Kennziffern 14. Folge 1961–1972, Berlin 1973.

MINERALÖLWIRTSCHAFTSVERBAND e. V. (Hrsg.): Entwicklung des Energieverbrauchs in der Bundesrepublik Deutschland 1973–1980, 1985, 1990. Maschinenschr. vervielfältigt, Hamburg 1977.

MÖNIG, W.: u. a.: Konzentration und Wettbewerb in der Energiewirtschaft. Manuskript München 1977.

MÜLLER, H. P.: Der Einfluß der Energiewirtschaft auf die wirtschaftliche und gesellschaftliche Struktur; in: Mitteilungen Nr. 10 der List-Gesellschaft, Basel/Tübingen 1967.

MÜLLER-HAESELER, W.: Wenn eines Tages die Lichter ausgehen; in: Frankfurter Allgemeine Zeitung Nr. 66, 1977.

Programm Technologien zur Nutzung der Sonnenenergie 1977–1980. Hrsg.: Der Bundesminister für Forschung und Technologie, Bonn 1977

RIFFEL, E.: Mineralöl-Fernleitungen im Oberrheingebiet und in Bayern. Diss. Mannheim 1970.

SCHLECHT, O.: „Nullwachstum" bedeutet Rückschritt; in: Frankfurter Allgemeine Zeitung Nr. 94, 1977.

SCHMITT, D.: Probleme der wachsenden Importorientierung der deutschen Energieversorgung. Diss. Köln 1970.

SCHOLZ, L.: Beitrag zum Thema Wirtschaftswachstum – Energiebedarf – Arbeitsplätze. Vom IFO-Institut herausgegebenes Manuskript. München 1977.

SCHÜTZ, O.: Die neuen Städte und Gemeinden in Bayern, Abhandlungen Band 82 – Veröffentlichungen der ARL –, Hannover 1967.

Anlage 1

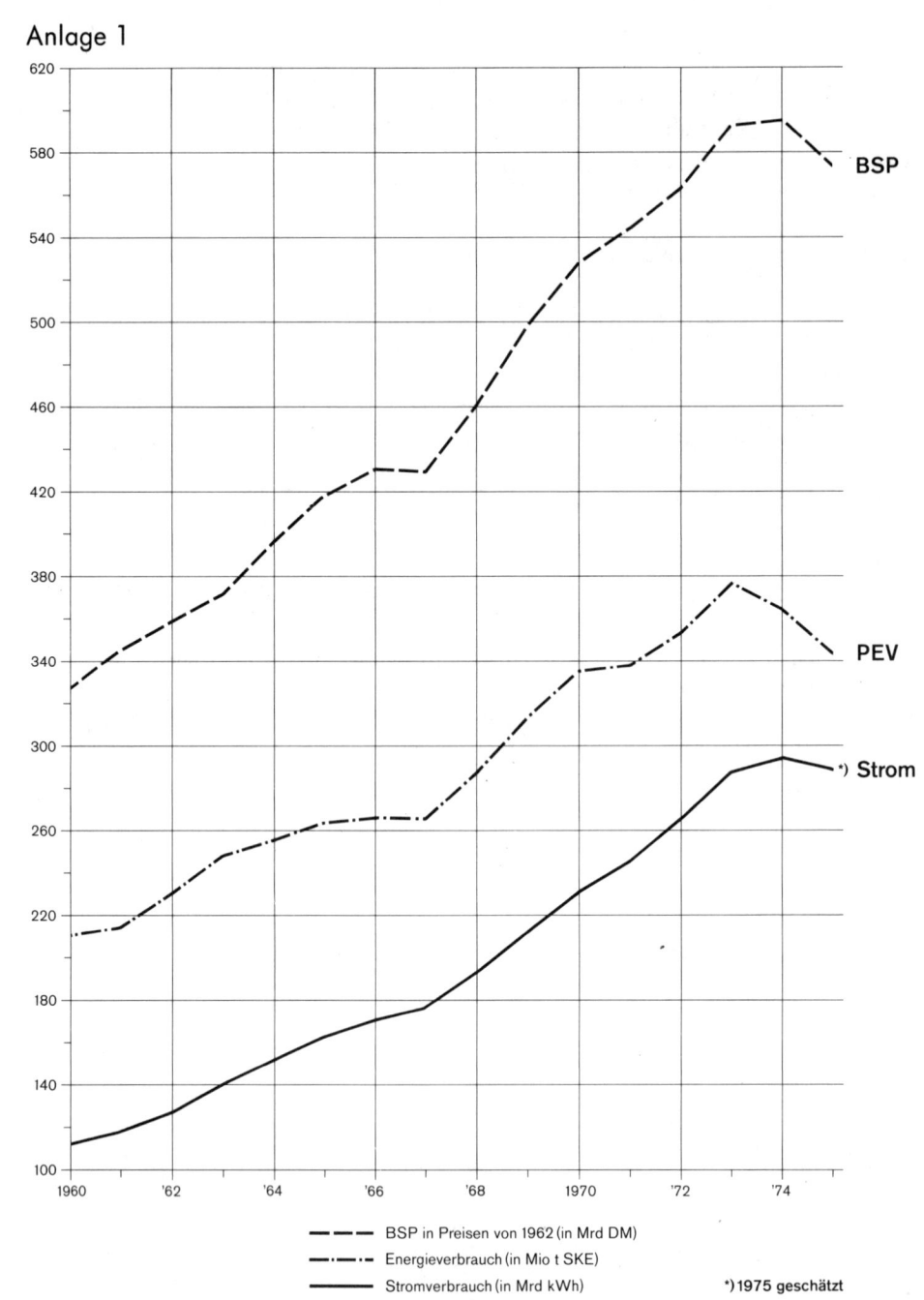

- - - BSP in Preisen von 1962 (in Mrd DM)
-·-·- Energieverbrauch (in Mio t SKE)
―― Stromverbrauch (in Mrd kWh)   *) 1975 geschätzt

Entwicklung von Bruttosozialprodukt, Primärenergie- und Stromverbrauch in der Bundesrepublik Deutschland

Quelle: Energie – Ein Diskussionsleitfaden, a. a. O., S. 9.

Anlage 2

Primärenergieverbrauch
im Jahre 1975 je 1000 Dollar Bruttoinlandsprodukt
in westlichen Industrieländern

		in kg SKE
1.	Schweiz	597
2.	Frankreich	717
3.	Dänemark	740
4.	Deutschland	821
5.	Österreich	855
6.	Spanien	883
7.	Japan	942
8.	Norwegen	944
9.	Schweden	960
10.	Belgien	969
11.	Griechenland	973
12.	Niederlande	1043
13.	Italien	1049
14.	Türkei	1134
15.	Irland	1264
16.	Großbritannien	1273
17.	USA	1573
18.	Kanada	1750
Durchschnitt der Mitgliedsländer der Internationalen Energieagentur		1233

Quelle: Bundesministerium für Wirtschaft

Anlage 3

Primärenergieverbrauch
pro Kopf im Jahre 1975 in westlichen Industrieländern

		Tonnen SKE pro Kopf
1.	Türkei	1,0
2.	Griechenland	2,3
3.	Spanien	2,5
4.	Irland	3,2
5.	Italien	3,2
6.	Japan	4,2
7.	Österreich	4,3
8.	Frankreich	4,4
9.	Schweiz	5,0
10.	Dänemark	5,2
11.	Großbritannien	5,2
12.	Deutschland	5,6
13.	Belgien	6,2
14.	Niederlande	6,2
15.	Norwegen	6,7
16.	Schweden	7,8
17.	USA	11,1
18.	Kanada	12,4
Durchschnitt der Mitgliedsländer der Internationalen Energieagentur		6,7

Quelle: Bundesministerium für Wirtschaft

Anlage 4

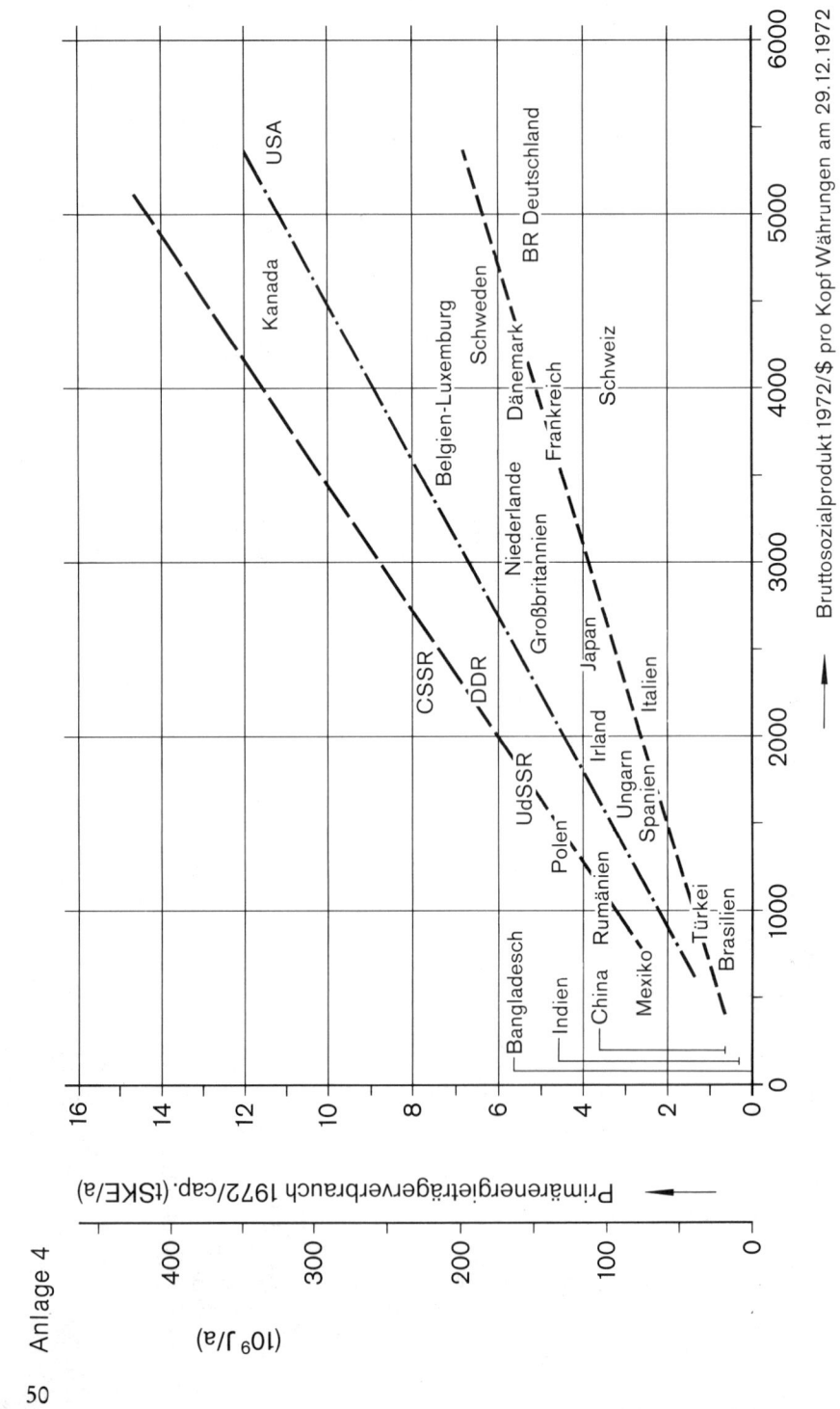

Zusammenhang zwischen Primärenergieverbrauch und Bruttosozialprodukt in verschiedenen Ländern

Quelle: Energie – Ein Diskussionsleitfaden, a. a. O.

Anlage 5

Entwicklung des Primärenergieverbrauchs in der Bundesrepublik Deutschland 1973–1980, 1985, 1990

in Mio. t SKE

Energieträger/Jahr	1973	1974	1975	1976	1977	1978	1979	1980	1985 A	1985 B	1990 A	1990 B
Steinkohle	84	83	67	70	72	71	70	70	(71)	71	(72)	72
Braunkohle	33	35	34	37	36	35	34	34	(34)	34	(34)	34
Mineralöl	209	188	181	197	201	204	207	210	(224)	224	(238)	238
Naturgas	39	47	49	52	56	61	65	69	(83)	83	(87)	87
Wasserkraft/Nettostromimport	8	7	8	5	7	8	8	8	(8)	8	(8)	8
Kernenergie	4	4	7	8	13	18	20	22	35	58	58	88
Übrige Energieträger	2	2	2	2	2	2	2	2	(2)	2	(3)	3
Insgesamt	379	366	348	371	387	399	406	415	(457)	480	(500)	530

Kernenergie-Defizit: $\frac{23}{480}$ $\frac{30}{530}$

Anteile in v.H.

Energieträger/Jahr	1973	1974	1975	1976	1977	1978	1979	1980	1985 A	1985 B	1990 A	1990 B
Steinkohle	22,2	22,6	19,1	18,9	18,6	17,8	17,2	16,9	(14,8)	14,8	(13,6)	13,6
Braunkohle	8,7	9,6	9,9	10,1	9,3	8,8	8,4	8,2	(7,1)	7,1	(6,4)	6,4
Mineralöl	55,2	51,5	52,1	53,1	51,9	51,1	51,0	50,6	(46,6)	46,6	(44,9)	44,9
Naturgas	10,2	12,7	14,0	13,9	14,5	15,3	16,0	16,6	(17,3)	17,3	(16,4)	16,4
Wasserkraft/Nettostromimport	2,2	2,0	2,2	1,3	1,8	2,0	2,0	1,9	(1,7)	1,7	(1,5)	1,5
Kernenergie	1,0	1,1	2,0	2,2	3,4	4,5	4,9	5,3	7,3	12,1	10,9	16,6
Übrige Energieträger	0,5	0,5	0,7	0,5	0,5	0,5	0,5	0,5	(0,4)	0,4	(0,6)	0,6
Insgesamt	100,0	100,0	100,0	100,0	100,0	100,0	100,0	100,0	(95,2)	100,0	(94,3)	100,0

Kernenergie-Defizit: $\frac{4,8}{100,0}$ $\frac{5,7}{100,0}$

Quelle: Mineralölwirtschaftsverband e.V. (Hrsg.), a.a.O., Anlage 1/1.

Anlage 6

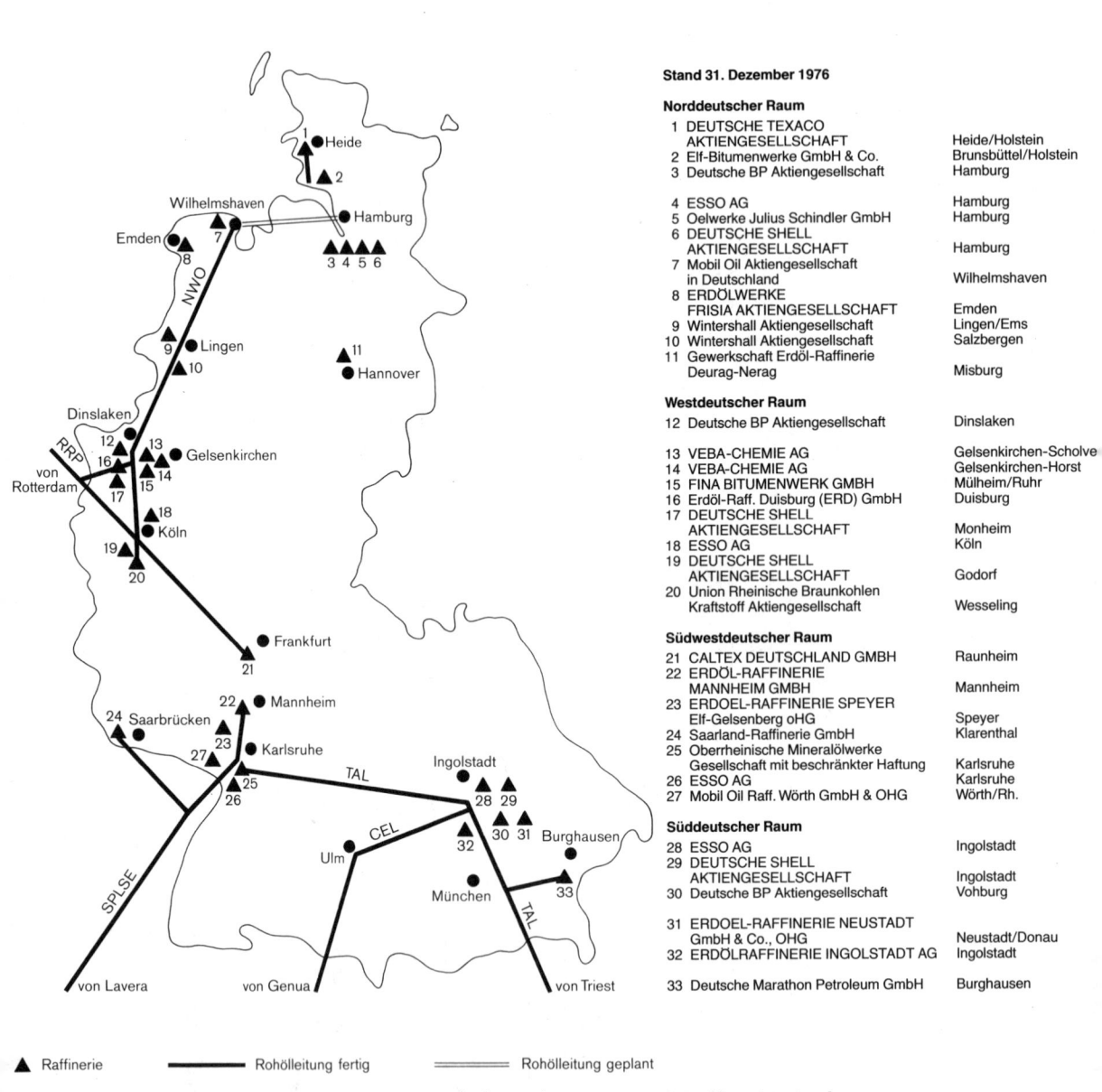

Stand 31. Dezember 1976

Norddeutscher Raum

1	DEUTSCHE TEXACO AKTIENGESELLSCHAFT	Heide/Holstein
2	Elf-Bitumenwerke GmbH & Co.	Brunsbüttel/Holstein
3	Deutsche BP Aktiengesellschaft	Hamburg
4	ESSO AG	Hamburg
5	Oelwerke Julius Schindler GmbH	Hamburg
6	DEUTSCHE SHELL AKTIENGESELLSCHAFT	Hamburg
7	Mobil Oil Aktiengesellschaft in Deutschland	Wilhelmshaven
8	ERDÖLWERKE FRISIA AKTIENGESELLSCHAFT	Emden
9	Wintershall Aktiengesellschaft	Lingen/Ems
10	Wintershall Aktiengesellschaft	Salzbergen
11	Gewerkschaft Erdöl-Raffinerie Deurag-Nerag	Misburg

Westdeutscher Raum

12	Deutsche BP Aktiengesellschaft	Dinslaken
13	VEBA-CHEMIE AG	Gelsenkirchen-Scholve
14	VEBA-CHEMIE AG	Gelsenkirchen-Horst
15	FINA BITUMENWERK GMBH	Mülheim/Ruhr
16	Erdöl-Raff. Duisburg (ERD) GmbH	Duisburg
17	DEUTSCHE SHELL AKTIENGESELLSCHAFT	Monheim
18	ESSO AG	Köln
19	DEUTSCHE SHELL AKTIENGESELLSCHAFT	Godorf
20	Union Rheinische Braunkohlen Kraftstoff Aktiengesellschaft	Wesseling

Südwestdeutscher Raum

21	CALTEX DEUTSCHLAND GMBH	Raunheim
22	ERDÖL-RAFFINERIE MANNHEIM GMBH	Mannheim
23	ERDOEL-RAFFINERIE SPEYER Elf-Gelsenberg oHG	Speyer
24	Saarland-Raffinerie GmbH	Klarenthal
25	Oberrheinische Mineralölwerke Gesellschaft mit beschränkter Haftung	Karlsruhe
26	ESSO AG	Karlsruhe
27	Mobil Oil Raff. Wörth GmbH & OHG	Wörth/Rh.

Süddeutscher Raum

28	ESSO AG	Ingolstadt
29	DEUTSCHE SHELL AKTIENGESELLSCHAFT	Ingolstadt
30	Deutsche BP Aktiengesellschaft	Vohburg
31	ERDOEL-RAFFINERIE NEUSTADT GmbH & Co., OHG	Neustadt/Donau
32	ERDÖLRAFFINERIE INGOLSTADT AG	Ingolstadt
33	Deutsche Marathon Petroleum GmbH	Burghausen

▲ Raffinerie ——— Rohölleitung fertig ═══ Rohölleitung geplant

Import-Rohöl-Fernleitungen und Raffinerien in der Bundesrepublik Deutschland

Quelle: Mineralölwirtschaftsverband e.V./Arbeitsgemeinschaft Erdöl-Gewinnung und -Verarbeitung (Hrsg.): Jahresbericht 1976, Hamburg 1977, S. T 52.

Anlage 7

Raffineriekapazitäten in der Bundesrepublik Deutschland
Gliederung nach Verarbeitungszentren 1950–1976 (Stand jeweils am Jahresende in 1000 t)

Jahr	Hamburg, Schlesw.-Holst., Bremen in 1000 t	in %	Niedersachsen in 1000 t	in %	Nordrhein-Westfalen in 1000 t	in %	Baden-Württemberg, Hessen in 1000 t	in %	Rheinland-Pfalz, Saarland in 1000 t	in %	Bayern in 1000 t	in %	Gesamt in 1000 t	in %
1950	2635	50,7	793	15,3	1720	33,0	51	1,0	–	–	–	–	5199	100,0
1951	3110	45,6	864	12,7	2785	40,9	56	0,8	–	–	–	–	6815	100,0
1952	3410	41,9	864	10,6	3805	46,8	56	0,7	–	–	–	–	8135	100,0
1953	4880	49,9	864	8,8	3980	40,7	56	0,6	–	–	–	–	9780	100,0
1954	6060	47,9	1444	11,4	5080	40,2	56	0,5	–	–	–	–	12640	100,0
1955	6570	44,7	1779	12,1	6280	42,8	56	0,4	–	–	–	–	14685	100,0
1956	6660	45,1	1739	11,8	6300	42,7	56	0,4	–	–	–	–	14755	100,0
1957	7330	44,1	1805	10,9	7435	44,7	56	0,3	–	–	–	–	16626	100,0
1958	10740	39,8	2115	7,8	14100	52,2	56	0,2	–	–	–	–	27011	100,0
1959	10870	36,2	3645	12,1	15450	51,5	56	0,2	–	–	–	–	30021	100,0
1960	10970	27,1	5715	14,1	23770	58,8	8	0,0	–	–	–	–	40463	100,0
1961	11270	26,6	5875	13,8	25320	59,6	8	0,0	–	–	–	–	42473	100,0
1962	13170	28,3	6933	14,9	26430	56,8	–	–	–	–	–	–	46533	100,0
1963	13670	21,8	7088	11,4	27930	44,8	8000	12,8	–	–	5712	9,2	62400	100,0
1964	13870	19,2	7388	10,2	30180	41,7	10700	14,8	–	–	10230	14,1	72368	100,0
1965	16470	20,4	7803	9,6	32240	39,8	10900	13,5	2000	2,5	11500	14,2	80913	100,0
1966	17470	19,7	8053	9,1	33640	37,9	15700	17,7	2000	2,3	11850	13,3	88713	100,0
1967	17890	16,4	8903	8,1	38300	35,0	21700	19,9	3250	3,0	19250	17,6	109293	100,0
1968	17890	15,8	9053	8,0	39000	34,5	22850	20,2	3450	3,0	20900	18,5	113143	100,0
1969	17890	15,5	9053	7,9	39550	34,4	23500	20,4	4200	3,6	20900	18,2	115093	100,0
1970	17910	14,9	9053	7,5	39550	32,9	23750	19,8	8100	6,7	21900	18,2	120263	100,0
1971	18730	14,8	9078	7,2	43850	34,6	24100	19,1	8350	6,6	22400	17,7	126508	100,0
1972	20650	15,5	10060	7,6	43850	32,9	26100	19,6	8700	6,5	23800	17,9	133160	100,0
1973	23100	15,9	10060	6,9	51350	35,3	26100	17,9	8700	6,0	26300	18,0	145610	100,0
1974	23100	15,5	10060	6,8	51550	34,7	26100	17,5	8700	5,8	29300	19,7	148810	100,0
1975	21350	13,9	17810	11,6	50600	32,9	25100	16,3	8700	5,6	30300	19,7	153860	100,0
1976	21350	13,9	17810	11,6	50600	32,9	25100	16,3	8700	5,6	30300	19,7	153860	100,0

Quelle: Mineralölwirtschaftsverband e.V./Arbeitsgemeinschaft Erdöl-Gewinnung u.-Verarbeitung (Hrsg.): Jahresber. 1976, Hamburg 1977, S. T 15.

Anlage 8

Entwicklung der Preise* für schweres Heizöl 1964–1976 (in DM je t)

	1964	1966	1968	1970	1972	1973	1974	1975	1976
Ingolstadt	91,00	82,32	69,75	74,25	91,70	96,92	186,16	192,68	206,32
Karlsruhe	82,99	80,19	68,36	73,16	86,65	94,24	183,67	182,10	199,48
Frankfurt	87,28	82,85	74,90	75,81	89,27	97,95	191,01	183,33	200,11
Rhein/Ruhr	81,80	78,61	70,05	75,00	84,68	94,51	190,43	198,95	203,13
Hamburg	83,06	78,49	75,64	75,64	92,29	99,28	193,55	211,25	206,25

*) Preis ab Raffinerie in Kessel- oder Tankkraftwagen einschl. Verbrauchsteuer, ohne Mehrwertsteuer. Jeweils Stand Mitte April.

Preisentwicklung bei Heizöl 1963–1968 in DM/t
Schweres Heizöl

	1963	1964	1966	1968
Hamburg	90,62	84,45	85,18	79,20
Düsseldorf	89,07	79,47	85,96	76,26
Stuttgart	102,08	88,22	92,42	78,70
München	124,41	93,32	94,32	78,22

Anmerkung: Die Preise in den beiden Tabellen sind wegen unterschiedlicher Bezugsmengen nicht miteinander vergleichbar.

Anlage 9

Entwicklung der Preise* für leichtes Heizöl 1960–1976 (in DM je 100 l)

Heizöl leicht[1]) DM je 100 l	1960	1962	1964	1966	1968	1970	1972	1973	1974	1975	1976
München	12,20	14,16	13,98	9,59	9,53	9,56	9,68	12,68	20,34	21,45	25,57
Stuttgart	12,69	12,83	12,21	8,98	9,53	9,28	9,77	12,73	19,93	21,25	25,71
Frankfurt	11,78	12,29	11,90	8,71	9,54	8,87	9,73	12,10	18,48	19,78	25,19
Düsseldorf	10,79	11,47	11,67	8,22	9,86	8,43	8,98	11,97	19,06	19,80	24,52
Hamburg	10,23	10,95	10,96	8,35	10,19	8,36	8,66	12,06	19,38	19,79	24,60

*) Großhandelspreise ab Lager, bei Abnahme von mindestens 500 t einschl. Verbrauchsteuer, ohne Mehrwertsteuer. Jeweils Stand Mitte April.

Anlage 10

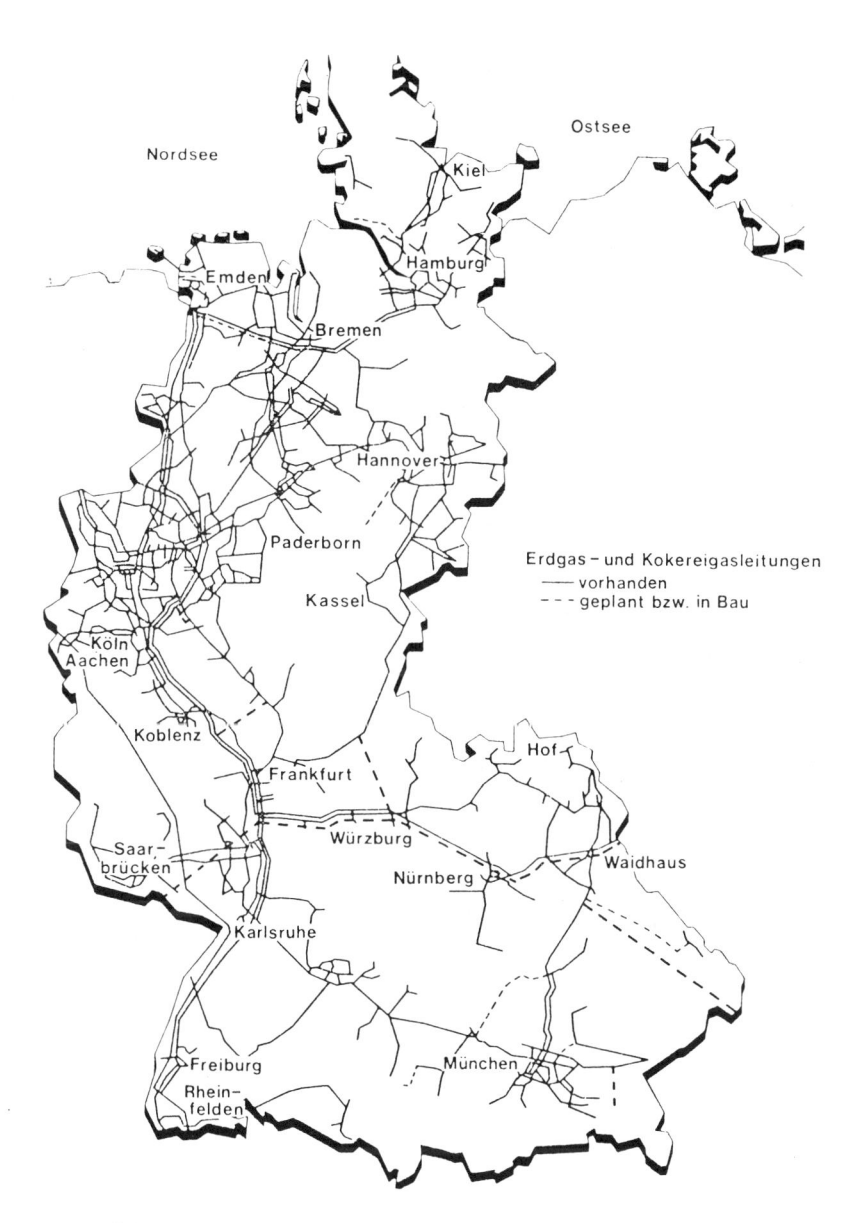

Die Ferngaswirtschaft in der Bundesrepublik Deutschland
(Stand: 30. November 1975)

Quelle: Ruhrgas, 1975

Anlage 11

Leitungsverbindungen in der Bundesrepublik Deutschland mit Betriebsspannungen 380 kV und 220 kV sowie große Kraftwerke der öffentlichen Stromversorgung (Stand: 1.1.1977 rd. 6900 km 380-kV-Stromkreise und rd. 16400 km 220-kV-Stromkreise.)

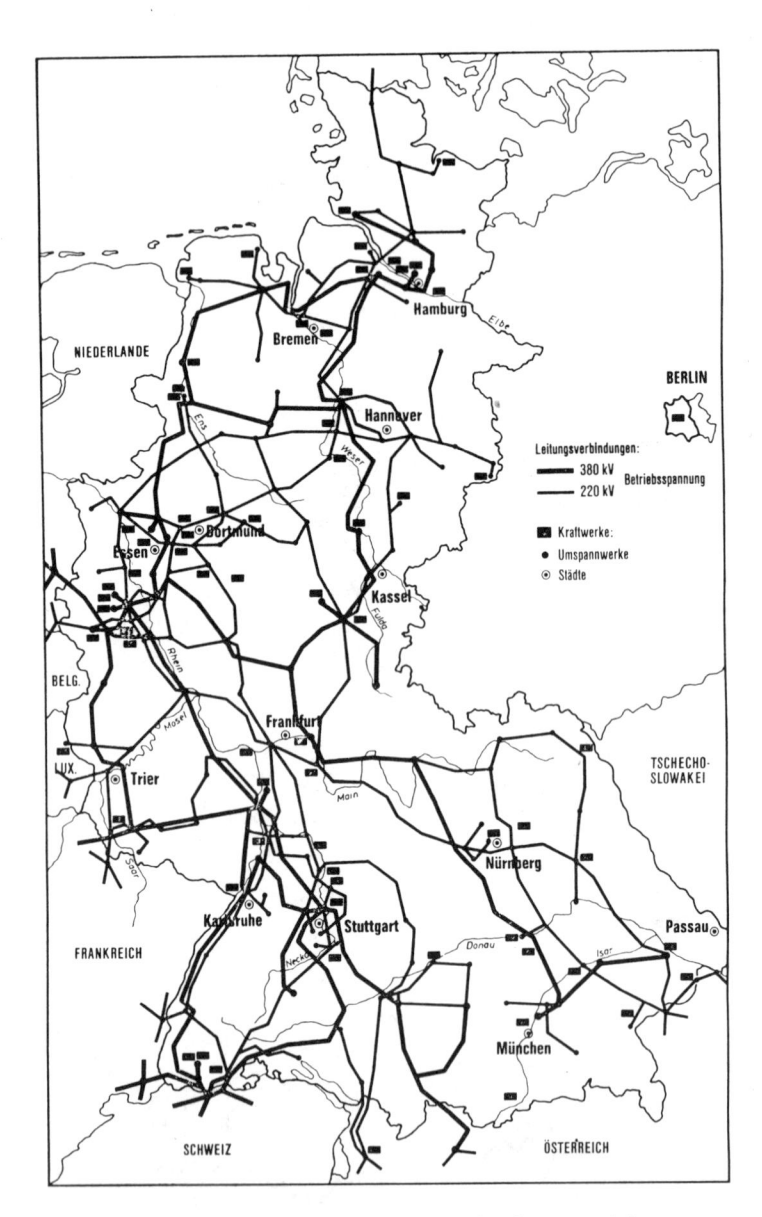

Quelle: DVG, Nr. 2-0955.

Energiewirtschaftliche Strukturprobleme bei ausgewählten Raum-Modellen

von
Josef Frohnholzer, München

I. Allgemeines zur Ausgangslage

II. Bemerkungen zu den ausgewählten Regionen Bayerns

III. Orientierungsdaten für die Ziele der Energieversorgung

    1. Allgemeine Hinweise zu Erzeugung und Verteilung
    2. Die Energieversorgung der vier ausgewählten Regionen

        Region   8 Ansbach   } Reg.-Bezirk Mittelfranken
        Region   7 Nürnberg
        Region   9 Augsburg   } Reg.-Bezirk Schwaben
        Region 15 Günzburg

IV. Orientierungsdaten der Raumstruktur

V. Künftige Tendenzentwicklungen

VI. Energie als Faktor der Raumplanung

VII. Wertungen zur Stromversorgung in Bayern

VIII. Zusammenfassung

IX. Literaturverzeichnis-Beilagen

I. Allgemeines zur Ausgangslage

Als heute noch geltende Grundlage ist das „Gesetz zur Förderung der Energiewirtschaft" (Energiewirtschaftsgesetz) vom 13. Dezember 1935 anzusehen. Aus der Begründung zum Energiewirtschaftsgesetz ist gemäß (1, Seite 77)*) hervorzuheben, daß auf lange Sicht erreicht werden sollte:

1. Den Bau und Ausbau von Energieerzeugungs- und Verteilungsanlagen so zu lenken, daß die billigste und sicherste Bereitstellung der erforderlichen Energie erreicht wird;
2. die Energietarife so zu beeinflussen, daß sie den Bedürfnissen der Verbraucher angepaßt, volkswirtschaftlich zweckmäßig und gebietsweise und im Gebiet des ganzen ehemaligen Reiches möglichst angeglichen sind;
3. daß die praktisch einem Versorgungsmonopol gegenüberstehenden Abnehmerkreise gegen einen Mißbrauch der wirtschaftlichen Machtstellung geschützt sind.

Unter dieses Gesetz fielen die Wirtschaftsgruppen der Energiewirtschaft, nämlich die Elektrizitätsversorgung und die Gas- und Wasserversorgung. Das Gesetz wurde bei seiner Anwendung zu Beginn auch auf die Kohleversorgung und die Belieferung mit Kraftfahrzeugen, Treibstoffen und Reifen ausgedehnt.

Nach dem Krieg fand für die Bundesrepublik Deutschland und die Länder das Gesetz seine weitere Anwendung, wobei vor allem für die Elektrizitätswirtschaft die Verpflichtung einer sicheren, billigen und unabhängigen Versorgung erhalten blieb, wozu in jüngerer Zeit noch die Eigenschaft „umweltfreundlich" kam. Das Gewicht dieser Prädikate scheint für die Gasversorgung etwas leichter und für die Mineralölwirtschaft noch weiter ermäßigt. Dem Bericht „Die Energieversorgung Bayerns 1975" ist dazu zu entnehmen (s. Beilage 1):

Struktur des Primärenergieverbrauchs in Bayern und in der Bundesrepublik Deutschland im Jahre 1975. Daraus fällt zuerst auf, daß der Anteil des Mineralöls immer noch bei 52,3 % für die Bundesrepublik Deutschland und 67,9 % für Bayern liegt. Für die Bundesrepublik folgen im Verbrauch Steinkohle (19,2 %), Erdgas und Gaszufuhr (13,8 %), Braunkohle (10,0 %, die allerdings weitgehend der Stromerzeugung dient) und dann erst die Stromerzeugung mit 4,6 %.

Für Bayern ergibt sich eine Veränderung der Reihenfolge mit Stromerzeugung (10,8 %), Erdgas und Gaszufuhr (9,3 %) und dann erst Braunkohle (6,3 %) und Steinkohle (5,1 %).

Bei den Anteilen Bayerns am ganzen Energieverbrauch der Bundesrepublik Deutschland steht für die Stromerzeugung (33,7 %) die Erzeugung aus Wasserkraft mit 67,1 % an der Spitze. Es folgt der hohe Anteil von 43,6 % für den Stromaustausch über die Grenzen. Auch die 18,6 % für Mineralöl und Produktezufuhr liegen noch über dem bayerischen Anteil von 14,4 % an der Summe.

Aus den Veränderungen des Bruttoinlandprodukts (BIP) und des Primärenergieverbrauchs (PEV) für die Jahre 1973, 1974 und 1975 zeigt sich in Beilage 1 unten zwischen der Bundesrepublik Deutschland und Bayern ein durchaus ähnlicher Verlauf mit Dämpfungen für Bayern.

---

*) Die Zahlen in Klammern verweisen auf die Literatur am Schluß der Ausführungen.

Für das künftige Wachstum des realen BIP in der Bundesrepublik werden z. Z. 3,9 % pro Jahr angenommen. Dies gilt auch als Vorgabewert für die *obere Variante* des wirtschaftlichen Wachstums in Bayern. Die *untere Variante* wurde mit einem langfristigen Wachstum von 3,0 % pro Jahr angesetzt.

Beilage 2 zeigt den Zusammenhang zwischen dem Primärenergieverbrauch und dem Endenergieverbrauch in Bayern im Jahre 1975 mit dem Zahlenverhältnis von 49,636:35,573 Mio. SKE = 1,395:1.

Beilage 3 zeigt die Struktur des Primärenergieverbrauchs in Bayern während der Rezessionsjahre 1974 und 1975 mit entsprechenden Abnahmen. Daraus zeigt sich aber auch, daß für 1975 die Gewinnung im Land nur noch 14,5 % betrug und daß 85,5 % des Energieverbrauchs eingeführt werden mußten.

II. Bemerkungen zu den ausgewählten Regionen Bayerns

Das Staatsgebiet des Freistaates Bayern ist in 18 Regionen eingeteilt. Aus dem Landesentwicklungsplan für Bayern (3) wird diese Einteilung mit Beilage 4 aufgezeigt. Das energiewirtschaftliche Raummodell sollte zunächst für die beiden aneinander grenzenden Regionen Nr. 9, Augsburg, und Nr. 8, Westmittelfranken, behandelt werden. In der Sitzung des Arbeitskreises vom 15. Februar 1977 kam jedoch der Vorschlag, noch je ein angrenzendes Gebiet mit gegensätzlicher Struktur hinzuzunehmen. Damit dehnte sich die Untersuchung auf die *Region 8*, Westmittelfranken, genannt „Ansbach", mit der *Region 7*, Industrieregion Mittelfranken, genannt „Nürnberg", aus. Beide Regionen sind Bestandteil des Regierungsbezirks Mittelfranken. In gleicher Absicht kam zur *Region 9*, Augsburg, genannt „Augsburg", die *Region 15*, Donau-Iller, genannt „Günzburg", hinzu. Diese beiden Regionen sind Teile des Regierungsbezirks Schwaben.

Zur Region 15 ist besonders zu bemerken, daß ein Regionalbericht wie bei den anderen Regionen 7, 8 und 9 noch nicht vorliegt. Daher wird ein älterer Raumordnungsbericht für die Region Donau-Iller-Blau (7) verwendet, der aber von der Ländergrenze zwischen Baden-Württemberg und Bayern durchschnitten wird, wodurch das Gebiet zum Teil in Württemberg liegt.

Einen Überblick zu den vier ausgewählten Regionen mit Bevölkerung und Flächen sowie der Bevölkerungsdichte gibt auf der Grundlage des Schrifttums (4, 5, 6 u. 7), die Beilage 5. Im theoretischen Durchschnitt ergeben sich für Bevölkerung und Fläche
  für eine Region jeweils 5,55 %
  für zwei Regionen jeweils 11,10 %.

Die *Region 8* liegt mit ihrem Bevölkerungsanteil von 3,43 % unter dem Durchschnitt (die Stadt Ansbach hat nur 0,37 % Anteil an der Bevölkerung Bayerns). Dagegen hat die *Industrieregion 7*, Mittelfranken, einen Bevölkerungsanteil von 10,36 % und die Stadt Nürnberg allein einen Anteil von 4,68 %. In der Summe der Regionen 7 und 8 liegt der Bevölkerungsanteil mit 13,79 % um 2,69 % über dem Durchschnitt. Die Fläche erreicht dagegen nur 10,33 % und liegt um 0,77 % unter dem Durchschnitt.

Die *Region 9* hat mit 6,62 % eine über dem Durchschnitt liegende Bevölkerung. Davon wird die Stadt Augsburg von 2,39 % bewohnt. In der Region Donau-Iller-Blau wohnen mit 4,98 % weniger als im Durchschnitt. In dem bayerischen Anteil der Region 15 Donau-Iller wohnen mit 3,67 % etwas mehr Personen als in der Region 8. In der Summe der beiden bayerischen Regionen 9 und 15 liegen die 10,29 % Bevölkerungsanteil um 0,81 % unter dem Durchschnitt. Die Fläche ist mit 9,46% deutlich unter dem Durchschnitt, die Abweichung beträgt 1,64% von der theoretischen Doppelregion. Die höchste Bevölkerungsdichte dieses Modells erreicht mit 2864 Einwohnern je km² die Stadt Nürnberg, die kleinste die Region 8 mit 86 Einwohnern je km². Für die Zukunft wird dort eine leichte Abnahme der Bevölkerung zu erwarten sein. Dagegen werden in den städtischen Bereichen der Region 7 (Nürnberg) und 9 (Augsburg) leichte Zunahmen mit ungleicher Verteilung in den Randbereichen des Stadtumlands und in den ländlichen Teilen eintreten. Diese Entwicklung wird sich raumwirtschaftlich auf die Energie auswirken.

Im Vergleich beider Doppelregionen steht die Summe aus 8+7 mit der Zahl und Bevölkerungsdichte von 204 über der Summe aus 9+15 mit 166 Einwohnern je km². Bei den Flächen liegt die Summe aus 8+7 geringer unter dem Durchschnitt als die Summe aus 9+15.

III. Orientierungsdaten für die Ziele der Energieversorgung

1. Allgemeine Hinweise zu Erzeugung und Verteilung

Die Energieerzeugung spielt nur in solchen Regionen eine Rolle, in denen dafür Möglichkeiten bestehen. Beispiele sind Flußläufe mit Wasserkraftwerken und Kühlmöglichkeiten für Dampfkraftwerke, Bergwerke oder Tagebaue mit entsprechenden Kohlekraftwerken. Die Lage von Kernkraftwerken kann durch Flüsse bestimmt werden, wobei allerdings die Frischwasserkühlung in den Hintergrund getreten oder verschwunden ist. In Zukunft kann die Abwärmeverwertung zur Deckung des Niedertemperatur-Wärmebedarfes dichter Siedlungsräume zu einer Annäherung der Kraftwerkstandorte an die Siedlungen führen. Damit entstehen große Unterschiede zwischen den Regionen. Es gibt Regionen ohne Anlagen der Energieerzeugung und auch Regionen mit einer Ansammlung von Kraftwerken, die weit über den regionalen Bedarf hinausreichen.

Bei Kernkraftwerken führt die Leistungskonzentration zur Verbilligung, da der Kostenanteil von Anlageteilen, die jeder Reaktor braucht, sinkt, wenn solche beim Bau mehrerer Reaktoren im engen räumlichen Verbund gemeinsam genutzt werden können. Dies gilt auch für den Personaleinsatz, der bei Kernkraftwerken ohnehin niedriger als bei anderen thermischen Kraftwerken ist.

Allgemein ist der *Flächenbedarf* bei Tagebauen für Braunkohle und für Raffinerien mit großen Tanklagern hoch. Nach Auskohlung der Braunkohle werden die Tagebaue nach Rekultivierung – allerdings zeitversetzt – in meist verbesserter Form wieder zur Verfügung gestellt. Die klassisch-thermischen Werke benötigen Flächen für die Lagerung von Kohle oder Öl. Bei Kernkraftwerken werden entsprechende Flächen nicht gebraucht. Bezogen auf die Leistung ist der Flächenbedarf bei Kernkraftwerken am kleinsten. Diese Werke sind auch umweltfreundlich, da Abgase fehlen und die Wärmeabführung über Kühltürme keine ökologischen Nachteile bringt. Bei Betrachtung des Flächenbedarfs für Transportleitungen ist zu berücksichtigen, daß über verlegten Gasleitungen Ackerbau betrieben und unter Freileitungen flache Gebäude errichtet werden können. Eine umfassende Darstellung der raumwirtschaftlichen Problembereiche bietet der Band 82 der Forschungs- und Sitzungsberichte der ARL („Zur Standortproblematik der regionalen Energiewirtschaft – mit besonderer Berücksichtigung der Landesentwicklung in Bayern"), LAG-Bayern 2, Hannover 1972, auf den hier für weitere Einzelheiten zu verweisen ist (19).

Innerhalb der Raumstruktur hängt die *Energieverteilung* von der Besiedlung ab. In jeder Region werden Ansätze für die Versorgung mit wenigstens einer Energieart vorhanden sein. Es handelt sich dabei überwiegend um die Elektrizität zur Versorgung mit Strom. Bei Heizöl werden ortsfeste Versorgungsanlagen seltener, häufiger ist die Versorgung über Schiene und Straße. Bei Gas wird die Verbreitung in den Regionen zwar seltener. Wenn es zur Versorgung dient, wird es aber ausschließlich in Rohrnetzen zur Verteilung kommen. Beim Gas spielt sich der Umbruch von kleineren gemeindlichen Versorgungsnetzen mit örtlicher Gaserzeugung in übergeordnete Systeme des Ferngasbezugs ab. In weiterer Zukunft könnten abgelaufene Bezugsverträge des Gasimportes durch die in Aussicht stehende Kohlevergasung ersetzt werden. Daher sollte der Netzausbau nicht zu weitläufig werden.

Bei der Elektrizitätsversorgung sollen die erforderlichen Energiemengen zu angemessenen Preisen bereitgestellt werden. Dies bedeutet aber weder einheitliche Preise in allen Regionen, noch ein unbegrenztes Energieangebot. Die Zonenrandgebiete an Grenzen, über die kein Energieaustausch erfolgen kann, sollten für Strompreise gegenüber normalen Regionen als Ausnahme gelten. In normalen Regionen überwiegt die Degression der Anlagekosten mit zunehmender Übertragungs- und Verteilungskapazität in den Netzen die Anlagekosten bei den Kraftwerken. Bei Zunahme des Anteiles der Kernenergie an der Stromerzeugung werden die Schwankungen der Erzeugungskosten kleiner, da Kernkraftwerke praktisch überall, abgesehen von dem geringfügigen Vorteil der Frischwasserkühlung an großen Flüssen, mit gleichem Kostenaufwand erstellt werden können. Beim Umbau oder Neubau von Stromverteilungsnetzen sollte die Zuwachskapazität durch für den Abnehmer günstige Strompreise gefördert werden, da sich ein relativ niedriges Strompreisniveau nur über eine befriedigende Absatzdichte entwickeln kann.

2. Die Energieversorgung der vier ausgewählten Regionen

Region 8 Westmittelfranken (Ansbach)

In dieser Region liegen keine Anlagen von Bedeutung für die *Elektrizitätserzeugung*. Dagegen befinden sich Kraftwerke in den benachbarten Regionen. Auch *Erdöl* wird in der *Region 8* weder gefördert, transportiert, noch in Raffinerien verarbeitet. Dagegen bestehen Anlagen für die Erzeugung von Gas in den Städten Rothenburg ob der Tauber und Gunzenhausen mit eigenem Gasversorgungsnetz.

In der Region 8, Ansbach, werden durch die Unternehmungen Großkraftwerk Franken AG (GFA), Fränkisches Überlandwerk AG (FÜW) mit verschiedenen Betriebsleitungsgebieten Ansbach, Kitzingen/Unterfranken und Weißenburg versorgt. Alle dafür erforderlichen Kraftwerke, wie klassische Dampfkraftwerke, das Pumpspeicherwerk Happurg und voraussichtlich ab 1980 das Kernkraftwerk Grafenrheinfeld am Main, liegen außerhalb der Region 8. Nur am Rande der Region verlaufen Hochspannungsleitungen für Spannungen ab 220 kV.

Zur eigentlichen *Elektrizitätsverteilung* der Region 8 zweigen davon 110 kV-Leitungen ab, deren Netz noch verdichtet wird. Mehrere Städte und Gemeinden im Bereich der FÜW und Betriebsleitungsgebiete haben ein eigenes Verteilungsnetz oder Teilverbindungen zu fremden Stromversorgern.

Für die Versorgung der Region 8 mit Heizöl und Kraftstoffen dienen Schiene und Straße mit dem hauptsächlichen Bezug aus dem benachbarten Raum Ingolstadt. Das gilt auch für die Regionen Nürnberg und Augsburg.

Trotz der Umstellung der bestehenden Hochdruckleitungen der Gasversorgung mehrerer Orte auf Erdgas ist mit einer größeren Verbreitung der Heizung mit Gas in dieser Region nicht zu rechnen, da nur wenige Abnehmer zur Umstellung ihrer Heizung auf Gas bereit zu sein scheinen. Andererseits ist die Errichtung eines Niederdrucknetzes in Gebieten mit aufgelockerter Bebauung für die Verteilung an den Letztverbraucher wirtschaftlich nicht vertretbar.

Region 7 Industrieregion Mittelfranken (Nürnberg)

Für den größeren Teil der Region 7 erfolgt die *Stromerzeugung* durch die Großkraftwerk Franken AG (GFA), die die Dampfkraftwerke Franken I in Nürnberg-Gebersdorf, Franken II in Erlangen-Kriegenbrunn und das Pumpspeicherwerk Happurg im Landkreis Nürnberg betreibt. Sie beliefert die Verteilerwerke EWAG Energie- und Wasserversorgung AG (für das Stadtgebiet Nürnberg), Stadtwerke Fürth und Fränkisches Überlandwerk AG (FÜW). FÜW beliefert außerhalb der Städte Nürnberg und Fürth den größten Teil der Region 7 (und daneben auch der Region 8) teils direkt bis zum Endabnehmer, teils über gemeindliche Verteilerwerke (5).

Das überregionale Elektrizitäts-Verbundnetz Bayerns wird von der Bayernwerk AG betrieben, die je eine Kuppelstelle im Nordwesten bei Aschaffenburg mit dem RWE und im Südosten im Umspannwerk St. Peter bei Linz mit der Österreichischen Verbundgesellschaft hat. Die GFA hat zwei Kuppelstellen mit dem 220-kV-Netz der BAG im Nürnberger Raum, mehrere Kuppelstellen mit dem 110-kV-Netz und wird Anschluß an eine 380-kV-Leitung erhalten.

Auf der Grundlage des Gasnetzes der EWAG Nürnberg, das über den Untertage-Gasspeicher Eschenfelden – bei Sulzbach-Rosenberg in der Oberpfalz – durch eine Ferngasleitung mit dem westdeutschen Raum verbunden ist, ergaben sich nun Anschlüsse zu den neuen ausländischen Gasleitungen, insbesondere auch der UdSSR. Mit einem starken Anstieg des Gasverbrauchs in dieser Region wird gerechnet.

Nach dem Regionalbericht für die Industrieregion Mittelfranken (7) lag der zu erwartende Verbrauch an Mineralöl unter einer Raffinerie für die Mindestgröße von 5 Mio. t. Im Jahre 1975 kam eine Studie des Deutschen Instituts für Wirtschaftsforschung (DIW) zu einer höheren Einschätzung des Bedarfs. Eine Kosten-Nutzen-Analyse wird zu entscheiden haben, ob dieser Bedarf besser durch eine nahe Raffinerie oder durch Produktanlieferung über Straße und Schiene mit Kesselwagen der Bundesbahn gedeckt werden sollte.

Region 9 Augsburg

In der Region Augsburg stehen für die *Elektrizitätserzeugung* 13 Kraftwerke zur Verfügung. Davon sind 11 Wasserkraftwerke an Lech und Wertach, ein klassisches Dampfkraftwerk und ein Gasturbinenkraftwerk in Betrieb. In dieser Region betreiben zum größten Teil die Lech-Elektrizitätswerke AG (LEW), dann die Isar-Amper-Werke, die Mittelschwäbische Überland-Zentrale und das Überlandwerk Jagstkreis, Ellwangen, die *Elektrizitätsversorgung*. Als Zwischenglied für die Weiterverteilung des Stromes wirken die Stadtwerke Augsburg, Dillingen und Lauingen. Die Region 9 enthält mehrere Freileitungen der verschiedenen Spannungsebenen 110 kV, 220 kV, 220 kV auf 380 kV-Gestänge und die 110 kV-Gleichstromleitung der Deutschen Bundesbahn. Außerdem wird die Region Augsburg von einer Erdölleitung und mehreren Erdgasleitungen durchzogen. Im Zentrum dieses Netzes wird das bei Rehling geplante Kernkraftwerk liegen, das LEW und RWE bis 1986 mit zwei Blöcken mit je 1200 MW in Betrieb nehmen wollen. Der geplante Standort 12 km nördlich von Augsburg des 2400 MW-Kernkraftwerkes mit zwei

Kühltürmen von 160 m Höhe ist im Standortsicherungsplan – im Sinne einer Standortorientierung – enthalten. Jedenfalls eröffnet die Nähe dieses Projekts zum Raume Augsburg neue technische Möglichkeiten für die Versorgung mit Strom und Wärme.

Als größter Stromkunde gelten im Raume Augsburg die Industrie und dann die Haushalte, so daß mit einer Verdoppelung des Gesamt-Stromverbrauches in einem Zeitraum von sieben Jahren, entsprechend einer jährlichen Anstiegsrate von sieben bis neun Prozent, gerechnet wird (6). Zu beachten ist dabei die überdurchschnittliche Zunahme der Gruppe der Haushalte.

Erdöl und Gas werden in der Region 9 nicht erzeugt. Im nordschwäbischen Raum und im Augsburger Raum ist die Auflassung der örtlichen Gaserzeugungswerke mit Umstellung auf die Verwendung von importiertem Gas im Gange.

Die Versorgung mit Heizöl und Kraftstoff erfolgt von den Raffinerien im Raum Ingolstadt, die in der benachbarten Region 10 liegen, über Schiene und Straßentransporte. Für die Versorgung mit Gas aus den bayerischen Erdgasfeldern östlich von München oder mit Gas aus Holland sowie auch über die 1975 fertiggestellte Gasleitung Ingolstadt–Augsburg mit deren Anschluß an die aus der Sowjetunion über die Tschechoslowakei nach Bayern führende Leitung zeichnen sich erweiterte Möglichkeiten ab. Dazu wird auch noch die Versorgung des Augsburger Raumes mit Algeriengas erwogen. Dies scheiterte bisher jedoch an der maßlosen Preispolitik des Vertragspartners für Flüssiggas, so daß sich die Unternehmung Bayerngas mit 25 Mio. DM an dem entstandenen Verlust von insgesamt 150 Mio. DM beteiligen mußte (Quelle: Münchner Merkur vom 26.5.1977). Bereits jetzt ist für die südbayerischen Hauptverbrauchsräume Augsburg und München ein leistungsfähiger Ringverbund vorhanden. Bei der Gasversorgung ist zu beachten, daß in diesem Wirtschaftszweig Verträge eine verhältnismäßig kurze Laufzeit zwischen 4 und 20 Jahren haben. Daher sind fortlaufende Veränderungen möglich.

Region 15 Donau-Iller (Günzburg)

Die folgenden Hinweise beziehen sich auf die erweiterte Region Donau-Iller-Blau (7). Als Energiequellen in diesem Gebiet sind Erdgasfelder im Landkreis Biberach, das Kernkraftwerk Gundremmingen im Landkreis Günzburg und zwei Treppen von Flußkraftwerken an Iller und Donau zu betrachten. Anschlüsse an zwei überregionale Stromfernleitungen und an das Ferngasnetz bestehen.

Alle Gemeinden der Region werden von 18 Elektrizitätsversorgungsunternehmen (EVU) mit Strom versorgt. Heute erscheinen die Abgrenzungen der unterschiedlichen Größen und Versorgungsgebiete als nicht immer wirtschaftlich. Auch die Landesgrenze wirkt sich auf die Versorgungsgebiete aus. Die größten EVU sind die Energieversorgung Schwaben (EVS) im baden-württembergischen Teil und die Lech-Elektrizitätswerke (LEW) im bayerischen Teil. Nach Fertigstellung des laufenden Ausbaus des Kernkraftwerks Gundremmingen mit zwei neuen Blöcken zu je 1200 MW wird sich die Stromerzeugung in dieser Region vervielfachen.

Zu den Strompreisen kann nach dem Raumordnungsbericht Donau-Iller-Blau (7) zitiert werden: „Die in den verschiedenen Versorgungsgebieten der Region geltenden Strompreise weichen merklich voneinander ab. Ein Vergleich ist auch für den Abnehmer erheblich erschwert, weil die teilweise komplizierten Tarifbedingungen der EVU differieren, ohne daß überzeugende Gründe dafür erkennbar wären. Bei Ansatz aller Kosten ergeben sich Durchschnittspreise, die in einer Tabelle verglichen werden. Die Übersicht gilt für die beschriebenen Abnehmerbeispiele und läßt eine Verallgemeinerung auf andere Tarifzonen nicht zu. Die unterschiedlichen Strompreise im bayerischen und baden-württembergischen Teil der Region werden in der Gegenüberstellung deutlich. Beim Haushalt und beim Gewerbebetrieb sind die Strompreise im Versorgungsgebiet der EVS und der von ihr belieferten Weiterverteiler am günstigsten. Um 11,5 bzw. 12,8 % höher sind die Strompreise im bayerischen Teil der Region, das Stadtgebiet Neu-Ulm ausgenommen. Umgekehrt sind beim Beispiel eines landwirtschaftlichen Betriebes die bayerischen EVU billiger. Bei Sonderabnehmern fallen Energiekosten besonders ins Gewicht. Die Preisunterschiede sind hier weniger kraß. In der Anmerkung ist darauf hingewiesen, daß hier eine Reihe kostenbeeinflussender Faktoren nicht berücksichtigt werden konnte. Auch für Sonderabnehmer bietet die EVS die günstigsten Bedingungen. Die Preise der SWU liegen geringfügig höher, während im bayerischen Teil der Region der ausgewählte größere Sonderabnehmer zwischen 3,6 und 7,4 % höhere Stromkosten tragen muß. Der Preisvergleich für fünf typische Versorgungsbeispiele deckt das regionale Strompreisgefüge nicht im Ganzen auf. Die Unterschiede bei den Einzelfällen, die wohl nicht zufällig wieder an der Landesgrenze deutlich werden, sollten zu einer gründlichen Überprüfung aller Tarifzonen Anlaß geben. Da Energiekosten als wesentliche Kostenfaktoren die Qualität eines Standortes beeinflussen, andererseits erhebliche Strompreisunterschiede in der relativ kleinen Region kaum verständlich erscheinen, muß das Ziel eine Vereinheitlichung der Tarife und eine Angleichung der Strompreise auf dem Niveau des preisgünstigen Versorgungsunternehmens sein."

Durch den Verbund der Ferngasleitungen in Baden-Württemberg und Bayern sind bedeutende Verbesserungen für die örtlichen Gasversorgungen erreicht worden.

Die Versorgung mit Heizöl und Kraftstoffen geht von den beiden Raffineriezentren des süddeutschen Raums in Karlsruhe und Ingolstadt aus über Schiene und Straße. Für diese Region mit etwa gleicher Entfernung zu den beiden Zentren zeigen sich Preisunterschiede für die verschiedenen Mineralölprodukte mit Marktschwankungen.

VI. Orientierungsdaten der Raumstruktur

Eine Reihe von Zahlen der untersuchten Regionen konnte aus dem Gutachten des Deutschen Instituts für Wirtschaftsforschung (DIW), Teil I, entnommen werden, das im Auftrag des Bayerischen Staatsministeriums für Wirtschaft und Verkehr im August 1973, also vor der sog. Energiekrise erschien (8). Dieses Gutachten hat neben dem Vorteil der gründlichen Bearbeitung mit reichlichem Material in Karten und Tabellen jedoch den Nachteil, daß die für 1971 geltenden Daten für einen Wirtschaftszweig, der starker Entwicklung ausgesetzt ist, nur bedingt zu werten sind. Da diese Zahlen aber zum Aufbau und zur Durchleuchtung des Raummodells gelten sollen, sind sie für diesen Zweck durchaus verwendbar. Aus Gründen der Übersichtlichkeit sind die Bemerkungen zu den Beilagen 6 bis 17 dort gemacht. Im einzelnen werden für die vier Regionen und auch für die zusammengefaßten Regionen sowie für den zu 100 % gesetzten Bezugswert für Bayern folgende Zusammenhänge aufgezeigt:

Beilage 6: Öffentliche Kraftwirtschaft und industrielle Stromerzeugungsanlagen Bayerns.

Beilage 7: Öffentliche Kraftwirtschaft Bayerns 1971: Brennstoffeinsatz für Stromerzeugung und Wärmeerzeugung.

Beilage 8: Öffentliche Elektrizitätswirtschaft Bayerns 1971: Engpaßleistung, Bruttostromerzeugung, regionale Verteilung.

Beilage 9: Industrielle Stromerzeugungsanlagen Bayerns 1971: Engpaßleistung, Bruttostromerzeugung, Brennstoffeinsatz.
Beilage 10: Preise der Brennstoffe im Jahre 1971 und im Jahre 19...
Beilage 11: Gasverbrauch, Heizgasverbrauch und Anteil am Gesamtgasverbrauch für 1971.
Beilage 12: Gasversorgung der Wohnung und Haushalte im Jahre 1971.
Beilage 13: Struktur des Endenergieverbrauchs in Bayern im Jahre 1971.
Beilage 14: Struktur des industriellen Energieverbrauchs nach Energieträgern.
Beilage 15: Struktur des industriellen Energieverbrauchs nach Industriegruppen im Jahre 1971.
Beilage 16: Struktur des Energieverbrauchs im Sektor Haushalte und Kleinverbraucher im Jahre 1971.
Beilage 17: Struktur des Energieverbrauchs im Verkehrsbereich im Jahre 1971.

An dieser Stelle nun die Erläuterung der Beilage 18 „Übersicht der regionalen Anteile an der Energie Bayerns im Jahre 1971". In den oberen Zeilen sind die theoretischen Durchschnitte je Region und für eine Doppelregion mit den tatsächlichen Flächen und Bevölkerungsanteilen der vier Regionen vergleichbar. Für die Region 7 fällt die dichte Bevölkerung auf kleiner Fläche und für die Region 15 die unter dem Durchschnitt liegenden Anteile für Fläche und Bevölkerung auf.

Aus den Beilagen 6 bis 9 geht über die öffentliche und industrielle Stromerzeugung hervor, daß die Region 8 daran unbeteiligt ist, in der Region 7 dagegen viele Kraftwerke mit hohem Brennstoffeinsatz in Betrieb sind, so daß beide Regionen mit den zahlen noch etwas über dem Durchschnitt der Doppelregion liegen. Die Ausstattung der Region 9 mit Kraftwerken als Erzeugungskapazität entspricht etwa dem Durchschnitt. Für die Region 15 fällt der 1971 nahezu vollständige Anteil an Kernenergie auf, so daß die Stromerzeugung beträchtlich über dem Regionaldurchschnitt liegt. Für beide Regionen 9 und 15 wird der theoretische Durchschnitt häufig erreicht oder überschritten, eine Ausnahme bilden die Brennstoffe zur Stromerzeugung und Wärmeerzeugung in der Region 15 mit Null zu Gunsten der Ausstattung mit dem Kernkraftwerk.

Bei der Gasversorgung steht die Gesamtzahl der Wohnungen in Beziehung zur Bevölkerung. Bei den mit Gas versorgten Haushalten entstehen aber Abnahmen in ländlichen Bereichen mit ungenügenden Anschlüssen und der außergewöhnlichen Steigerung auf 24,4 % in der Industrieregion 7. In gewisser Abhängigkeit davon verteilt sich der Gasverbrauch.

Ein Abbild der Bevölkerungsstruktur entsteht für den Endenergieverbrauch insgesamt mit weitgehender Übereinstimmung für Haushalte und Kleinverbraucher und zum Teil für den Verkehr. Der Energieverbrauch der Industrie hängt von den gewählten Standorten ab. Der Verbrauch an leichtem Heizöl schwankt von Region zu Region stärker als an schwerem Heizöl. Im Sektor des Verbrauchs der Haushalte und Kleinverbraucher ergibt sich wieder die Beziehung zur Bevölkerungszahl. Dies gilt im Auszug auch für den Heizölverbrauch.

Für den Energieverbrauch des Verkehrs bleibt die Beziehung zum Bevölkerungsanteil für Region 8 und 7 noch erhalten, während sie für die Region 9 und 15 abnimmt.

Im Bereich der meisten Energieträger sind Zufuhren in die Regionen erforderlich. Die Grundausrüstung mit Energie wurde in raumwirtschaftlicher und regionalwirtschaftlicher Hinsicht in Form eines umfassenden Modells dargestellt.

V. Künftige Tendenzentwicklungen

Durch Auswertung des Teils II („Die künftige Entwicklung des Energiemarkts in Bayern bis zum Jahre 1990") im Rahmen des Gutachtens des Deutschen Instituts für Wirtschaftsforschung (DIW) (9) entstanden die Beilagen 19 bis 30, die mit den Steigerungsraten 3,0% pro Jahr für die untere und 3,9% pro Jahr für die obere Variante den Blick auf die Jahre 1980, 1985 und 1990 ermöglichen.

Den ersten Eindruck dieser Entwicklung kann die Beilage 19 für die Entwicklung des Stromverbrauchs vermitteln.

In den Summen der Jahre 1980, 1985 und 1990 sowie in der Aufteilung nach drei Verbrauchsgruppen sind die erwarteten Verbrauchszahlen der vier ausgewählten Regionen und der beiden Doppelregionen zu sehen, die für die Region 9 mit dem größten Anteil der Industrie ähnlich zu den Gesamtzahlen für Bayern verlaufen. In den Regionen 8, 7 und 15 werden Haushalte und Kleinverbraucher als größte Verbrauchsgruppe erwartet. Bei dem prozentualen Anteil für den Gesamtverbrauch fällt die nahezu konstante Relation der Regionen mit 2,3% für Region 8, 8,4 bzw. 8,7% für die Region 7 und damit 10,6% bis 11,2% für die Region 8+7, 7,5% für Region 9 sowie 3,0% für die Region 15 und damit 10,5% für die Region 9+15 auf. Bei der Entwicklung des Teilverbrauchs der Haushalte und Kleinverbraucher stellt sich dagegen mit 3,4% des bayerischen Anteils für Region 8 und 11,5% für Region 7 eine Angleichung an den statistischen Anteil der Bevölkerung mit 3,4% und 10,4% ein. Für die Region 9 mit 6,2% folgt eine zum Bevölkerungsanteil von 6,6% ähnliche Erwartung. Auch in Region 15 besteht Ähnlichkeit zwischen 3,3% Teilverbrauch und 3,7% Bevölkerungsanteil. Für die weitere Zukunft 1985 und 1990 werden zwar relative Zunahmen, jedoch auch leichte prozentuale Abnahmen bis 0,2% erwartet.

Als Ergebnis ist abzuleiten: Für Bayern sind an dem Stromverbrauch (100%) folgende Anteile zu erwarten:

nach der unteren Variante im Jahre	1980	1985	1990
Industrie	48,6	48,3	48,0%
Haushalte und Kleinverbraucher	46,1	46,5	46,7%
davon Haushalte	22,0	22,3	22,5%
davon Kleinverbraucher	24,1	24,2	24,2%
nach der oberen Variante im Jahre	1980	1985	1990
Industrie	45,6	43,9	43,9%
Haushalte und Kleinverbraucher	49,9	51,9	52,1%
davon Haushalte	23,8	24,9	25,1%
davon Kleinverbraucher	26,1	27,0	27,0%

Bei dem künftigen Stromverbrauch nach der oberen Variante mit 3,9% Anstieg pro Jahr fällt bis zum Jahre 1990 der Anteil der Industrie auf 43,9%, während der Anteil der Gruppe der Haushalte und Kleinverbraucher auf 52,1% steigt. Davon liegen die Kleinverbraucher mit 27,0% leicht über den Haushalten mit 25,1%.

In den betrachteten vier Regionen ergeben sich etwas andere Verhältniszahlen. Nur in Region 9 bleibt der Industrieanteil über 50%. In den Regionen überwiegt der Verbrauch der Haushalte und Kleinverbraucher, der allein von der Siedlungsstruktur abhängt.

Im einzelnen werden für die 4 Regionen und Zusammenfassungen von jeweils 2 Regionen sowie für den zu 100% gesetzten Bezugswert für Bayern folgende Zusammenhänge aufgezeigt:

Beilage 20: Entwicklung des Mineralölproduktverbrauchs im Sektor der Haushalte und Kleinverbraucher.

Beilage 21: Entwicklung der Investitionen der Gaswirtschaft in Bayern von 1975 bis 1990.

Beilage 22: Entwicklung der Zahl der vollversorgten Haushalte in Bayern von 1980 bis 1990.

Beilage 23: Entwicklung des Gasverbrauchs für Haushalte und Kleinverbraucher in Bayern bis 1990.

Beilage 24: Entwicklung des Endenergieverbrauchs nach Energieträgern für Bayern bis 1990.

Beilage 25: Entwicklung des Endenergieverbrauchs nach Verbrauchergruppen für Bayern bis 1990.

Beilage 26: Entwicklung des Endenergieverbrauchs im Straßenverkehr für Bayern bis 1990.

Beilage 27: Entwicklung der PKW-Dichte und -Bestände für Bayern bis 1990.

Beilage 28: Entwicklung des Endenergieverbrauchs im Sektor der Haushalte und Kleinverbraucher für Bayern bis 1990.

Beilage 29: Entwicklung des industriellen Energieverbrauchs für Bayern bis 1990 nach Energieträgern.

Beilage 30: Entwicklung des industriellen Energieverbrauchs für Bayern bis 1990 nach Gruppen.

In der Zusammenfassung der Teilergebnisse nun an dieser Stelle die Erläuterung zu Beilage 31 „Übersicht der regionalen Anteile an der künftigen Entwicklung in Bayern bis 1990". Für den Vergleich aus den Beilagen 19 bis 30 sind wieder die Anteile der Bevölkerung der vier Regionen aus der jüngeren Vergangenheit vorangestellt. Für die Zahl der Haushalte in der weiteren Zukunft, das ist bis 1990, wird nach Beilage 22 ein genaues Abbild der Bevölkerungsanteile erwartet. Der Anteil der voll versorgten Haushalte liegt aber beträchtlich darunter. In Abhängigkeit zu Zeile und Beilage 22 steht die Beilage 20 mit dem Verbrauch der Mineralölprodukte für Haushalte und Kleinverbrauch. Weniger Übereinstimmung ergibt sich für die Zeile 19 des Stromverbrauchs (wobei die Region 7 überwiegt) und des Gasverbrauchs nach Zeile 23 (wobei die Region 9 überwiegt). Nach Zeile 25 wird der gesamte Endenergieverbrauch über die Jahre 1980, 1985 und 1990 konstante Anteile der Regionen erwarten lassen, die in der Region 7 mit 9,9% am höchsten und in der Region 15 mit 3,8% am geringsten sind. In der Summe der aneinander grenzenden Regionen entstehen Zahlen, die dem Bevölkerungsanteil entsprechen. Diese Übereinstimmung besteht auch für die Zahlen aus Beilage 27 mit dem PKW-Bestand und mit nur kleinen Abweichungen aus Beilage 28 für den Endenergieverbrauch der Haushalte und Kleinverbraucher. Von diesen Beziehungen losgelöst steht nach Beilage 29 der industrielle Verbrauch mit den höchsten Anteilen für die Region 9 und den kleinsten Anteilen für die Region 8. Nimmt man die Gesamtzahlen nach Beilage 30 zum Vergleich, dann lassen die gleichen regionalen Prozentzahlen für 1980 und 1990 dort keine Änderungen erwarten.

Aus diesem umfangreichen Zahlenmaterial entsteht ein Eindruck von der Zukunftsentwicklung in vier Regionen Bayerns, wovon je zwei in Doppelregionen zusammengefaßt sind und als Raummodell angesehen werden.

VI. Energie als Faktor der Raumplanung

Für die Energieerzeugung und -versorgung ergeben sich mehrere Ordnungselemente aus der Sicht der Standortbestimmung. Bei der Erzeugung sind es die Rohenergie, die Luft, das Wasser, das Verkehrssystem mit Bahnen, Straßen und Schiffahrtswegen, die Besiedlungen, die Freileitungstrassen für die Ableitung der Erzeugung und die Schaltstationen. Bei der Standortbestimmung spielt auch der Abstand zu den Bevölkerungsverdichtungen aus Gründen der Sicherheit eine besondere Rolle. Weitere Einzelheiten hierzu s. Lit. (19).

Die Energieversorgung und ihr weiterer Ausbau wird im wesentlichen von privaten bzw. gemischtwirtschaftlichen Trägern durchgeführt. Damit kann das Ziel eines entwicklungsgerechten Ausbaues der Energieversorgung in allen Landesteilen vom Staat aus zwar lenkend beeinflußt, aber nicht dirigistisch erreicht werden.

Aus der Vergangenheit lassen sich für Tendenzentwicklungen wesentliche Veränderungen erkennen, die in diesem Ausmaß vorher nicht gegeben waren. Es handelt sich dabei um:

— die überdurchschnittliche Steigerung des Strombedarfes der Haushalte und für Elektroheizung. Dies führte in manchen Stromversorgungsgebieten zu starken Veränderungen der Belastungskurven mit verstärktem Ausgleich zwischen Tag und Nacht. In manchen Fällen führte dies sogar zum Einsatz zusätzlicher Leistung aus Pumpspeicherwerken während der Niedertarifzeit, um diesen Bedarf decken zu können;

— den Rückgang des Strombedarfs in der Zeit zwischen April 1975 und November 1975 mit Abnahme der zuvor bekannten Zuwachsraten bis auf Null und in einigen Fällen sogar mit Abgleiten in den negativen Bereich;

— die rasche Wiederherstellung des zuvor bekannten Verlaufes mit einer Verdoppelung der Stromerzeugung im Laufe von zehn Jahren;

— die Substitution einer Energieform durch die andere Form, zum Beispiel Erdöl durch Strom, Strom durch Erdgas, Benzin durch Batteriestrom. Die Zunahme des Verbrauches der Haushalte gegenüber dem Verbrauch der Industrie ist auch auf die Substitution von Öl für Heizung durch Elektrizität zurückzuführen;

— die Einsparung von Energie durch Begrenzung des Bedarfs – also durch bewußtes Sparen, durch bauliche Maßnahmen zur Herabsetzung der Wärmeverluste, durch Einführung der Wärmepumpe, durch Geschwindigkeitsbegrenzungen, durch Kraft-Wärme-Kopplung und durch die neue Energieform der Solarenergie.

Für künftig anzunehmende Tendenzentwicklungen sind eine Reihe von Einflüssen nach folgenden Gruppen maßgebend:

Volkswirtschaftlich:

— Die Entwicklung der Bevölkerung und ihre Altersschichtung, in der Aufteilung nach inländischer und ausländischer Herkunft.
— Die wirtschaftliche Lage im allgemeinen und für verschiedene Industriezweige im Besonderen.

- Zahl der Arbeitslosen und Kurzarbeiter und die Struktur der Beschäftigungslosen.
- Nachhaltige Aktionen gegen den Energieausbau durch Initiativen aus der Bevölkerung, des Natur- und des Umweltschutzes.
- Veränderung der Verfahrensdauer für den Energieausbau bei Ablauf der Genehmigungsverfahren.

Betriebswirtschaftlich:

- Die Verwirklichung neuer Verkehrswege, wie Autobahnen und Schiffahrtsstraßen.
- Der Aufbau neuer Industrieanlagen.
- Die Umstellung der Landwirtschaft auf stärkeren maschinellen Einsatz.

Energiewirtschaftlich:

- Der klimatische Verlauf.
- Die Heizungsarten und Kühlungssysteme mit ihren Veränderungen aus dem technischen Fortschritt.
- Die Zuwachsraten für die Energiebedarfsdeckung.
- Die Veränderungen der Elektrizitätsversorgung, des Bedarfes an Heizöl und Kraftstoffen, der Gasversorgung und neuer Energieformen.
- Bestehende oder in Aussicht stehende Schutzgebiete, auch Wassereinzugsbereiche.
- Sicherheitsabstände von Kraftwerken zu Bevölkerungsverdichtungen.
- Abstandsgrenzen zwischen Abwärmeausnutzungen und Wohngebieten mit Niedertemperaturwärmebedarf, hierfür möglichst Anschlußzwang, da sonst die Wirtschaftlichkeit oft nicht erreicht werden kann.

Die vielseitigen und vielschichtigen Einflüsse auf Tendenzentwicklungen machen es schwierig, treffsichere Ordnungselemente zu finden. Sie sind jedoch raumrelevant in den Einflüssen selbst enthalten. Die vorstehende Gruppierung versucht u. a. auch Anhaltspunkte für die raumwirtschaftliche Zuordnung zu geben.

VII. Wertungen zur Stromversorgung in Bayern

Außer den prozentualen Verteilungen auf die Regionen und Doppelregionen interessieren auch besondere Wertungen für die Stromversorgung in Bayern. In Beilage 32 sind Daten zur Bewertung der Stromversorgung in Bayern für das Jahr 1971 zusammengestellt:

Die spezifischen Kenndaten für den Gesamtenergieverbrauch je Einwohner schwanken nur zwischen 2,35 t SKE/Einwohner und 2,98. Die Haushalte und Kleinverbraucher haben davon etwa den halben Anteil. Der Stromverbrauch schwankt zwischen 0,41 t SKE/Einwohner (Region 9) und 0,19 (Region 8) mit den Sätzen von 0,24 für die Doppelregion 8 und 7 und 0,37 t SKE/Einwohner für die Doppelregion 9 und 15.

Bei der Struktur des Stromverbrauchs in Bayern ergeben sich entsprechende Unterschiede. In den Doppelregionen ist der Gesamtverbrauch fast gleich. Dagegen steht der Verbrauch der Industrie im Verhältnis 1262 GWh zu 1964 GWh. Bedingt durch die größere Bevölkerungszahl von 1,51 Millionen für Regionen 8 und 7 gegenüber 1,10 Mio für Regionen 9 und 15 stellt sich das Verhältnis für Haushalte und Kleinverbrauch von 1728 GWh zu 1266 GWh. Davon verbrauchen allein die Haushalte 911 GWh bzw. 652 GWh in den Doppelregionen.

Daraus abgeleitet wird der Stromverbrauch pro Einwohner mit dem Kleinwert von 1537 kWh für Region 8, die ähnlichen Werte von 2116 kWh für Region 7 und 2152 kWh für Region 15 sowie dem größten Wert von 2364 kWh für Region 9 gegenüber dem bayerischen Durchschnitt von 2667 kWh/Einwohner und Jahr.

Für den Verbrauch der Industrie wird die Schwankung zwischen den Grenzen 525 kWh für Region 8 und 2214 kWh/Einwohner und Jahr in der benachbarten Region 9 schärfer. Sehr viel gleichmäßiger verläuft dagegen der Stromverbrauch für Haushalte zwischen 1610 kWh für Region 8 und 1802 kWh für Region 15 bei einem bayerischen Durchschnitt von 1706 kWh/Haushalt und Jahr.

Zu den spezifischen Kenndaten der Verteilernetze mußte aus der regionalen Betrachtungsweise auf den Bereich der Energieversorgungsunternehmen übergegangen werden. Aus den Leitungslängen, der Fläche des Versorgungsgebietes und den nutzbaren Abgaben im Jahre 1971 ließen sich die Leitungsdichte und die nutzbare Abgabe je Meter Leitungslänge berechnen. In den betrachteten Regionen liegt die Leitungsdichte mit 1283 m/km^2 bei der Bayerischen Elektricitäts-Lieferungs-Gesellschaft AG, in der Region 15, mit 1628 bei FÜW (Fränkisches Überlandwerk AG.), Nürnberg, und mit 2324 bei LEW (Lech-Elektrizitätswerke AG), Augsburg, noch immer unter dem bayerischen Durchschnitt mit 2388, der aber beträchtlich unter dem Durchschnitt von 3167 m/km^2 für die Bundesrepublik Deutschland liegt. Bei der nutzbaren Abgabe lauten in der oberen Aufeinanderfolge die Zahlen 182 für BELG, 144 für FÜW, 271 für LEW, 314 für Bayern und 414 kWh/m Leitung für die Bundesrepublik.

Die Bevölkerungsdichte in den Versorgungsgebieten ist in Bayern sehr verschieden. Für 15 Regionalversorgungsunternehmen liegt der Durchschnitt bei 99 Einwohner/km^2 in der Streuung zwischen 70 und 239. Für 200 Lokalunternehmen liegt der Durchschnitt mit 600 Einwohnern/km^2 viel höher mit viel größeren Schwankungen zwischen 29 und 3919 Einwohnern/km^2 für den Bereich der Stadtwerke München. Für die 121 Kommunalunternehmen liegt der Durchschnitt mit 995 Einwohnern/km^2 zehnmal über dem Regionaldurchschnitt.

Einen weiteren Aufschluß über die Dichte der Elektrizitätsversorgung geben für die Verteilungsnetze die 38 m pro Tarifnehmer bei den Regionalversorgungsunternehmen mit Schwankungen zwischen 49 m bei der OBAG (Energieversorgung Ostbayern Aktiengesellschaft), Regensburg, und 13 m bei den Überlandwerken Coburg. Günstiger liegt der Durchschnitt von 11 m im Kommunalbereich in der Schwankung zwischen rund 100 m und nur 6 m pro Tarifnehmer bei den Stadtwerken München.

Sinngemäß ergibt sich die Auslastung der Übertragungsanlagen mit 74 kWh/Tarifnehmer bei den Regional- und mit 217 kWh/Tarifnehmer bei den Kommunalunternehmen.

Ein Vergleich der Strompreise und der daraus entstehenden Belastungen ist nicht in einem Satz möglich, da die Tarife der zahlreichen Gesellschaften zu vielfältig sind. Aus den Ziffern (8) sowie (12) bis (18) des Verzeichnisses des Schrifttums können jedoch Durchschnittsstrompreise im allgemeinen und im speziellen Fall der LEW für die Regionen 9 und 15 und des FÜW für die Region 8 und 7 entnommen werden.

Aus diesen Unterlagen sind in Beilage 33 die Durchschnittsstrompreise herausgezogen. Bei den Nettopreisen ohne Mehrwertsteuer und ohne Ausgleichsabgabe („Kohlepfennig") zeigt sich, daß bei FÜW die Preise meist an der bayerischen Obergrenze liegen, während die Preise des LEW für Sonderabnehmer in mehreren Fällen an der Untergrenze liegen. Ein ähnliches Bild ergibt sich für die Haushaltsabnehmer 1972 zwischen 17,0 Pfennig bei monatlicher Abnahme bis 100 kWh und 9,53 Pfennig/kWh bei monatlicher Abnahme von 400 kWh. Beim Gewerbelichttarif liegen die Preise von LEW ausnahmsweise über jenen des FÜW. Beim Gewerbekrafttarif zeigt sich wieder das gewohnte Bild mit einer Spanne zwischen 18,37 und 12,40 Pfennig/kWh. Beim Landwirtschaftstarif 1972 lag die Schwankung bei einem monatlichen Verbrauch unter 125 kWh zwischen 22,34 und 19,92 Pfennig/kWh und bei Verbrauch von 400 kWh zwischen 13,83 und 11,85 Pfennig/kWh. Bei Schwachlasttarifen berechnete 1972 für Nachtstrom das FÜW 4,1 und das LEW 3,8 Pfennig/kWh.

Aus (12) werden die Durchschnittserlöse der öffentlichen Stromversorgung in der Bundesrepublik Deutschland mit einem Minimum von 9,0 Pfennig im Jahre 1969 und für 1975 mit einem Wert von 12,0 Pfennig/kWh entnommen. Für 1980 werden ein Anstieg auf 13,5 und für 1985 eine weitere Erhöhung auf 16,5 Pfennig/kWh erwartet.

Die nach 1973 eingetretenen Veränderungen der Strompreise werden für den Stand Juli 1975 für den Bereich des FÜW und der LEW angegeben. Dabei liegt die Spanne zwischen dem Kleinverbrauchstarif von 48 Pfennig/kWh bei FÜW und dem Schwachlasttarif von 6 Pfennig/kWh bei LEW. Für den Juli 1976 bleiben die FÜW-Preise gleich, während die Preise bei LEW für Grundpreise sowie Schwachlasttarife um je 1 Pfennig/kWh und beim Kleinverbrauchstarif um 3 Pfennig/kWh zunahmen.

Die detaillierten Strompreisvergleiche I/76 und I/77 enthalten für FÜW und LEW jeweils die gleichen Zahlen, nur für die Grenzen im Bundesgebiet ergeben sich leichte Unterschiede. Die Gesamtspanne reicht jetzt zwischen 27,5 Pfennig/kWh bei geringem Verbrauch und 7,4 Pfennig/kWh bei großem Verbrauch.

Die Durchschnittserlöse der öffentlichen Stromversorgung 1975 lagen für Sonderabnehmer bei 9,4 Pfennig/kWh, für Tarifnehmer bei 15,9 Pfennig/kWh und bei Letztverbrauchern bei 12,2 Pfennig/kWh. Gegenüber 1970 sind diese Erlöse um 2,5 Pfennig, um 3,6 bzw. 3,1 Pfennig/kWh gestiegen.

Nach Wirtschaftsgebieten lagen die Durchschnittserlöse mit 10,3 Pfennig/kWh für Bayern zwischen den 11,1 Pfennig für Baden-Württemberg und 8,0 Pfennig für Nordrhein-Westfalen. Bei Tarifnehmern blieben die 17,9 Pfennig/kWh für Bayern die obere Grenze gegenüber 14,2 Pfennig für Nordrhein-Westfalen. Auch bei den gesamten Erlösen steht für 1975 Bayern mit 13,7 Pfennig/kWh an der Obergrenze, während Nordrhein-Westfalen mit 10,3 Pfennig/kWh den niedrigsten Wert erreichte.

Aus den Beilagen 32 und 33 werden aus verschiedenen Daten die nachstehenden Strompreisbelastungen berechnet:

Gesamter Stromverbrauch 1971 *pro Einwohner und Jahr* mal Grundpreis I nach [13]

FÜW Region 8 Ansbach	$1537 \times 0,135$	= 207 DM
Region 7 Nürnberg	$2116 \times 0,135$	= 286 DM
Region 8 + 7	$1974 \times 0,135$	= 266 DM
LEW Region 9 Augsburg	$3364 \times 0,115$	= 387 DM
Region 15 Günzburg	$2152 \times 0,115$	= 247 DM
Region 9 + 15	$2934 \times 0,115$	= 337 DM

Industrieverbrauch 1971 *pro Einwohner und Jahr* mal Sonderabnehmer 100 kW/1600 h nach [8]

FÜW Region 8	$525 \times 0{,}1583 =$	83 DM
Region 7	$933 \times 0{,}1583 =$	148 DM
Region 8 + 7	$833 \times 0{,}1583 =$	132 DM
LEW Region 9	$2214 \times 0{,}1436 =$	318 DM
Region 15	$1002 \times 0{,}1436 =$	144 DM
Region 9 + 15	$1784 \times 0{,}1436 =$	256 DM

Stromverbrauch 1971 *pro Haushalt kWh* mal Haushaltstarif 1972 mit Verbrauch 100 bis 250 kWh nach [8]

FÜW Region 8	$1610 \times 0{,}1278 =$	206 DM
Region 7	$1734 \times 0{,}1278 =$	222 DM
Region 8 + 7	$1707 \times 0{,}1278 =$	218 DM
LEW Region 9	$1769 \times 0{,}1134 =$	201 DM
Region 15	$1802 \times 0{,}1134 =$	204 DM
Region 9 + 15	$1779 \times 0{,}1134 =$	202 DM
im bayerischen Durchschnitt	$1706 \times 0{,}1207 =$	206 DM

Die durchschnittliche jährliche Belastung aus dem Stromverbrauch des Jahres 1971 schwankte zwischen 207 DM in der Region 8 und 387 DM pro Einwohner in der Region 9. Sie war stärker vom Verbrauch als von den Strompreisen abhängig.

Die durchschnittliche Belastung des Industrieverbrauchs des Jahres 1971 schwankte zwischen 83 DM in der Region 8 und 318 DM pro Einwohner in der Region 9.

Die durchschnittliche Belastung des Stromverbrauchs pro Haushalt des Jahres 1971 schwankte nur zwischen 201 DM in der Region 9 und 222 DM in der Region 7.

Bei diesen Zahlen ist zu beachten, daß sie frei von Zuschlägen für Steuer und Abgaben und daß sie durchschnittliche Werte sind, die zur Bezugsgröße 100 der oben angeführten Ergebnisse in der Praxis vielleicht zwischen 10 und 1000 schwanken können.

VIII. Zusammenfassung

Für die Darstellung energiewirtschaftlicher Raummodelle war in der Auswahl von 4 der 18 Regionen Bayerns eine Fülle von Material in Form der musterhaften Regionalberichte des Bayerischen Staatsministeriums für Landesentwicklung und Umweltfragen und der Gutachten über den Energiemarkt in Bayern, erstellt vom Deutschen Institut für Wirtschaftsforschung, vorhanden. Damit konnte das Modell als Abbild für die Doppelregionen 8, Westmittelfranken, und 7, Industrieregion Nürnberg, die zusammen dem Regierungsbezirk Mittelfranken entsprechen, sowie 9, Augsburg, und 15, Donau-Iller, die Teile des Regierungsbezirkes Schwaben darstellen, aufgezeigt werden. Die Regionen verschiedener Struktur haben verschiedene Flächen und Bevölkerungsanteile, nach oben und unten vom theoretischen Mittel abweichend.

Für das Modell als Vorbild dagegen erscheinen die Raumgrößen als zu klein, da die Standorte und Leitungsverbindungen der Kraftwerke, der Standort der Raffinerien, die Trassen der Pipelines und der Gasfernleitungen sich nicht nach Regionen, sondern nach den raum- und absatzwirtschaftlichen Gesichtspunkten der dafür zuständigen Versorgungsunternehmungen und den übergeordneten Gesichtspunkten des Landes richten mußten. So kommt es z. B., daß es in der Region 8, Ansbach, selbst keine Anlagen für die Stromerzeugung gibt.

Die Raumstruktur des Modells konnte im Sinne des Abbildes für den Stand 1971 für die öffentliche Kraftwirtschaft und die industriellen Stromerzeugungsanlagen, für die Gasversorgung, für den Endenergieverbrauch und in der Aufteilung nach Industrie, Haushalte und Kleinverbraucher sowie Verkehr eingehend behandelt werden. Die Ergebnisse zeigen Übereinstimmung zwischen dem regionalen Anteil der Bevölkerung an der Gesamtzahl Bayerns, dem Endenergieverbrauch, besonders dem Verbrauch für Haushalte und Kleinverbraucher und auch noch zum Verkehrsverbrauch. Der Einfluß der Industrie unterliegt eigenen Gesetzen, teils in organischer Entwicklung entsprechend der Bevölkerung, teils in willkürlicher oder rohstoffbedingter Festlegung der Standorte mit Auswirkungen auf den Energieverbrauch. Für die künftige Entwicklung in den vier Regionen bis zu den Jahren 1980, 1985 und 1990 konnte aus der Zunahme des Stromverbrauches der zu erwartende Ausgleich zwischen den Anteilen der Industrie sowie der Haushalte und Kleinverbraucher aufgezeigt werden, der nach der oberen Variante (mit 3,9 % Anstieg pro Jahr) für die Summe aus Haushalten und Kleinverbraucher schon nach 1980 auf über 50 % steigen wird. Aus der Entwicklung des Mineralölproduktenverbrauches, des Gasverbrauches und der dafür notwendigen Investitionen in Bayern, des Endenergieverbrauches, aufgeteilt nach Energieträgern und Verbrauchergruppen, für Straßenverkehr, für den Sektor der Haushalte und Kleinverbraucher und der Industrie zeigt sich wieder der Zusammenhang zwischen der Bevölkerungszahl in den Regionen und der Zahl der Haushalte mit dem Verbrauch an Mineralölprodukten für Haushalte und Kleinverbraucher sowie deren Endenergieverbrauch. Ein genauer Zusammenhang besteht für die Zukunft auch zwischen Bevölkerung und Pkw-Bestand. Wiederum nach anderen Beziehungen, hauptsächlich nach der wirtschaftlichen Lage und dem Wirtschaftswachstum, wird die Entwicklung des industriellen Verbrauches eingeschätzt. Bemerkungen zu Standortbestimmung und Tendenzentwicklungen in Gegenwart und Zukunft beschließen die Behandlung der Raummodelle.

Das Deutsche Institut für Wirtschaftsforschung behandelte mit dem Teil III des Gutachtens noch „Ziele für eine bayerische Energiepolitik" (10). Dieser gehaltvolle Band geht weit über Bayern – in das Gebiet der Bundesrepublik Deutschland und das der Welt – hinaus, dagegen untergliedert er sich nicht mehr in die 18 bayerischen Regionen. Herausgegriffen seien nur Hinweise auf die energiepolitischen Ziele, auf die Sicherheitsaspekte der Energieversorgung, auf die Verfügbarkeit über die Energieressourcen, auf die Sicherheitsaspekte in der Elektrizitätswirtschaft, auf den künftigen Ausbau der Stromerzeugungskapazitäten in Bayern mit 6 bis 9 Kernkraftwerken, von jeweils 1200 MW bis zum Jahr 1990, auf den künftigen Ausbau des Stromtransport- und Stromverteilungssystems mit dem weiteren Ausbau des 380-kV-Netzes für Verbindungen Bayerns mit dem westdeutschen und dem österreichischen Verbundnetz. Dazu kommen noch – in (10) – die Behandlung des hier mangels regionaler Unterlagen offen gebliebenen Preisaspektes in der Energieversorgung und die Umweltschutzaspekte der Energieversorgung und schließlich die zusammenfassende Problemdarstellung der Zusammenhänge zwischen Energie/Sicherheit/Preis und Umwelt.

Zum Abschluß der Bearbeitung dieser beispielhaften Untersuchung über die energiewirtschaftlichen Raummodelle wird die Arbeit von H. A. Gültzow(11) bekannt, wodurch ein vergleichender Einblick in „Aktuelle Probleme der regionalen und überregionalen Energieversorgung Norddeutschland" möglich war. Diese Untersuchung über ein strukturschwaches Gebiet enthält eine hier fehlende Beschreibung der Kraftwerkstypen und ihres Betriebes mit etwa 40% der Investitionssummen und Bemerkungen über die Stromverteilung mit etwa 60% aller Investitionen der Elektrizitätswirtschaft. Der Hinweis auf die notwendige Auslegung der Kraftwerke und aller elektrischer Verbindungen bis zu den Hausanschlüssen auf die höchste zu erwartende Last und auf deren durchschnittliche Ausnutzung mit nur etwa 50% sei hier ebenso wiederholt wie der hohe Investitionsbedarf, der für die Einheit des Umsatzes in der Elektrizitätswirtschaft das 1,40fache an Anlagevermögen, dagegen bei der Industrie nur das 0,40fache erfordert. Obwohl die Elektrizitätswirtschaft etwa einen Anteil von nur 30% am Energiemarkt hat, der unter der Preisaufsicht des Staates steht, spielt sie wohl die tragende Rolle bei der Vorstellung der energiewirtschaftlichen Raummodelle.

Für die Stromversorgung in Bayern konnten noch Wertungen mit den spezifischen Kenndaten für Verbrauch, Verteilernetze, Bevölkerungsdichte und zur Auslastung der Übertragungsanlagen sowie zu den Preisaspekten angefügt werden. Während sich zu der ersten Gruppe starke regionale Schwankungen im Stromverbrauch je Einwohner zeigten, pendelten die Strompreise stärker zwischen 6,18 Pf/kWh für höchsten Bezug der Sonderabnehmer bei LEW und 22,24 Pf/kWh für geringen Landwirtschaftsbezug bzw. 48 Pf/kWh als Kleinverbrauchstarif bei FÜW. Im Vergleich der Wirtschaftsgebiete liegen die Durchschnittserlöse für Elektrizität in Bayern zwangsläufig am höchsten. Die Untergrenze wird etwa 25% niedriger in Nordrhein-Westfalen erreicht. Die jährlichen Strompreisbelastungen, mehr bestimmt durch den Verbrauch als durch die Tarifpreise, schwankten nach dem Berechnungsbeispiel für 1971 zwischen 207 DM/Einwohner in Region 8 und 387 DM/Einwohner in Region 9. Bei den Belastungen pro Haushalt ergaben sich kleinere Ausschläge um den bayerischen Durchschnitt von 206 DM/Jahr. Damit bestätigt sich die überwiegende Abhängigkeit des Energiebedarfs sowie des Strombedarfs und der Kostendeckung vom Endverbraucher.

IX. Literaturverzeichnis-Beilagen

(1) BOLL, G.: Geschichte des Verbundbetriebes. Verlags- und Wirtschaftsgesellschaft der Elektrizitätswerke mbH., Frankfurt am Main 1969.
(2) Bayerisches Staatsministerium für Wirtschaft und Verkehr: Die Energieversorgung Bayerns 1975, München 1976.
(3) Bayerisches Staatsministerium für Landesentwicklung und Umweltfragen: Landesentwicklung in Bayern. Landesentwicklungsprogramm (Kurzfassung), München 1974.
(4) Bayerisches Staatsministerium für Landesentwicklung und Umweltfragen: Region Westmittelfranken, Regionalbericht München 1975.
(5) Bayerisches Staatsministerium für Landesentwicklung und Umweltfragen: Industrieregion Mittelfranken, Regionalbericht München 1975.
(6) Bayerisches Staatsministerium für Landesentwicklung und Umweltfragen: Region Augsburg, Regionalbericht München 1975.
(7) Regionale Planungsgemeinschaft Donau-Iller-Blau: Raumordnungsbericht Ulm 1969.
(8) Deutsches Institut für Wirtschaftsforschung, Gutachten Teil I, Der Energiemarkt in Bayern im Jahre 1971, Berlin 1973.
(9) Deutsches Institut für Wirtschaftsforschung, Gutachten Teil II, Die künftige Entwicklung des Energiemarktes in Bayern bis zum Jahre 1990, Berlin 1974.
(10) Deutsches Institut für Wirtschaftsforschung, Gutachten Teil III, Ziele für eine bayerische Energiepolitik, Berlin 1975.
(11) GÜLTZOW, H.-A.: Aktuelle Probleme der regionalen und überregionalen Energieversorgung Norddeutschlands. Elektrizitätswirtschaft 76 (1977), H. 1.
(12) RITTSTIEG, G.: Die Kostenentwicklung der Stromversorgung im nächsten Jahrzehnt und ihre Auswirkungen auf die Strompreise. Elektrizitätswirtschaft Bd. 76 (1977), H. 16.
(13) VDEW Allgemeine Tarifpreise für elektrische Energie Bayern (Gebiet 8), Stand: Juli 1975.
(14) VDEW Allgemeine Tarifpreise für elektrische Energie. Ergänzungen zu den Heften 1–8 der Übersicht 1975, Stand: Juli 1976.
(15) Verband der Energie-Abnehmer e. V. (VEA), Bundes-Strompreisvergleich I/76 für Sonderabnehmer elektrischer Energie, Stichtag 1.1.76.
(16) VEA Bundes-Strompreisvergleich I/77 für Sonderabnehmer elektrischer Energie, Stichtag 1.1.77.
(17) VEA Anschlußkostenbeiträge (AKB) und Netzkostenbeiträge (NKB), Stichtag 1.7.77.
(18) Daten zur Entwicklung der Energiewirtschaft in der Bundesrepublik Deutschland im Jahre 1976. Bundesministerium für Wirtschaft III D3, Bonn 1977.
(19) Zur Standortproblematik der regionalen Energiewirtschaft – mit besonderer Berücksichtigung der Landesentwicklung in Bayern. LAG Bayern 2, Forschungs- und Sitzungsberichte der Akademie für Raumforschung und Landesplanung, Bd. 82, Hannover 1972.

Beilage 1

*Primärenergieverbrauch in der Bundesrepublik Deutschland und in Bayern
im Jahre 1975*
(Quelle: Die Energieversorgung Bayerns 1975, S. 35)

Verbrauch aus Energieträger	Bundesrepublik Deutschland		Bayern		Anteil Bayerns an BRD
	Mio. t SKE	%	Mio. t SKE	%	%
Steinkohle	66,53	19,2	2,55	5,1	3,8
Braunkohle	34,44	10,0	3,11	6,3	9,0
Mineralöl- und Produktenzufuhr	180,99	52,3	33,69	67,9	18,6
Stromerzeugung	15,86	4,6	5,35	10,8	33,7
aus Wasserkraft	5,17	1,5	3,47	7,0	67,1
Kernenergie	7,02	2,0	0,66	1,3	9,4
Müll	1,10	0,3	0,10	0,2	9,1
Austausch über Grenzen	2,57	0,7	1,12	2,3	43,6
Erdgas und Gaszufuhr	47,58	13,8	4,64	9,3	9,7
Sonstiges	0,60	0,2	0,30	0,6	50,0
Summe	346,00	100,0	49,64	100,0	14,4

Veränderungen in Prozent für Bayern für 1972/75	mit unterer Variante	mit oberer Variante	
1973 *Bruttoinlands-*	5,1	4,5	
1974 *produkt (BIP) %*	0,6	0,5	
1975	−3,5	−2,4	
1973/75 Mittel 1972/85	0,7/3,9	0,9/3,3/4,3	
1973 *Primärenergie-*	6,8	6,0	
1974 *verbrauch (PEV) %*	−3,3	−0,1	
1975	−5,4	−4,1	
1973/75 Mittel 1972/85	−0,6/3,4	0,6/2,0/3,6	

Beilage 2

Primärenergieverbrauch, Umwandlungsverbrauch und Endenergieverbrauch in Bayern im Jahre 1975 (Zusammenfassung)

	1000 t SKE	%
Primärenergieverbrauch	49 636	100,0
davon: nichtenergetischer Verbrauch	2 632	5,3
energetischer Verbrauch	47 004	94,7
– unverändert dem Verbrauch zugeführt	4 305	8,7
Zur Umwandlung eingesetzt	42 699	86,0
– Verluste im Umwandlungsprozeß	7 566	15,2
Umwandlungsausstoß	35 133	70,8
Gesamt-Energieangebot	39 438	79,5
– Leitungsverluste und Bewertungsdifferenzen	1 145	2,3
– Eigenverbrauch der Energiewirtschaft	2 720	5,5
Endenergieverbrauch	35 573	100,0
davon: Primärenergieträger	3 510	9,9
Sekundärenergieträger	32 063	90,1
Anteil der Verbrauchergruppen am Endenergieverbrauch:		
Industrie	9 514	26,8
Haushalte und sonstige Kleinverbraucher	17 121	48,1
Verkehr	8 938	25,1

Quelle: Die Energieversorgung Bayerns 1975. München, Oktober 1976.

Beilage 3

Struktur des Primärenergieverbrauchs in Bayern 1973–1975
(Gewinnung im Lande und Energiebezüge)

	1973		1974		1975		Änderung 1975 geg. 1974 in %
	1000 t SKE	%	1000 t SKE	%	1000 t SKE	%	
A. Gewinnung im Lande							
Kohle	1 988	3,9	2 135	4,1	1 930	3,9	− 9,6
Elektr. Strom aus Wasserkraft (0,335 kg SKE/kWh)	3 260	6,3	3 866	7,5	3 471	7,0	− 10,2
Müll (0,35 kg SKE/kWh)	146	0,3	146	0,3	103	0,2	− 29,4
Erd-, Erdöl- u. Klärgas	2 298	4,4	1 278	2,4	1 066	2,2	− 16,6
Erdöl	364	0,7	359	0,7	301	0,6	− 16,2
Brennholz und Torf	435	0,8	357	0,7	303	0,6	− 15,1
Summe A	8 491	16,4	8 141	15,7	7 174	14,5	− 11,9
B. Energiebezüge[1]) (einschl. Bestandsentnahmen)							
Steinkohle und Koks	3 628	7,0	3 731	7,2	2 556	5,1	− 31,5
Braunkohle	1 216	2,4	1 304	2,5	1 177	2,4	− 9,7
Elektr. Strom (0,335 kg SKE/kWh)	1 270	2,4	895	1,7	1 116	2,2	+ 24,7
Ferngas	1 182	2,3	2 991	5,8	3 567	7,2	+ 19,3
Rohöl- u. Min.-Ölprodukte	35 376	68,3	33 979	65,7	33 385	67,3	− 1,7
Kernbrennstoffe (0,335 kg SKE/kWh)	622	1,2	709	1,4	661	1,3	− 6,8
Summe B	43 294	83,6	43 609	84,3	42 462	85,5	− 2,6
Primärenergieverbrauch Summen (A + B) Veränderung geg. Vorjahr in %	51 785 +6,0	100,0	51 750 −0,1	100,0	49 636 −4,1	100,0	− 4,1

[1]) Jeweils Saldo zwischen Bezügen und Lieferungen

Quelle: Die Energieversorgung Bayerns 1975, München, Oktober 1976

Beilage 4

Einteilung des Staatsgebietes in Regionen

Beilage 5

Vergleichsdaten der vier ausgewählten Regionen

Stand am 1. 1. 1973	Bevölkerung		Fläche		Einwohner je km²
	Zahl	%	km²	%	
Bayern	10 778 661	100	70 546	100	153
: 18 = theoretischer Durchschnitt je Region	598 815	5,55	3 919	5,55	153
zwei Regionen	1 197 630	11,10	7 838	11,10	153
Region 8 Westmittelfranken	369 405	3,43	4 300	6,10	86
davon kreisfreie Stadt Ansbach	39 673	0,37	99	0,14	401
Region 7 Industrieregion Mittelfranken	1 117 043	10,36	2 988	4,24	374
davon Stadt Nürnberg	504 110	4,68	176	0,25	2 864
Summe Region 8 + 7	1 486 448	13,79	7 288	10,33	204
Diff. zu theor. 2 Regionen	+288 818	+2,69	−550	−0,77	+51
Region 9 Augsburg	713 817	6,62	4 105	5,82	174
davon Stadt Augsburg	257 036	2,39	147	0,21	1 749
Region 15 Donau–Iller–Blau	537 000	4,98	3 521	4,99	153
Region 15 Donau–Iller	395 550	3,67	2 567	3,64	154
unten ohne württembergischen Anteil laut Raumordnungsbericht Region Donau–Iller–Blau					
Summe Region 9 + 15	1 250 817	11,61	7 626	10,81	164
Region 9 + 15 bayer. Anteil	1 109 367	10,29	6 672	9,46	166
Diff. zu theor. 2 Regionen	+53 187	+0,51	−212	−0,29	+11
Diff. zu 2 bayer. Regionen	−88 263	−0,81	−1 166	−1,64	+13
Wohnbevölkerung zu Region 8 am 31. 12. 1974 Wohnbevölkerung zu Region 7 am 1. 7. 1972 Wohnbevölkerung zu Region 15 am 1. 10. 1968 für Donau–Iller–Blau Wohnbevölkerung zu Region 15 am 30. 6. 1976 für Donau–Iller					

Beilage 6   Öffentliche Kraftwirtschaft und industrielle Stromerzeugungsanlagen Bayerns 1971
(Quelle DIW, Teil I, Anl. 26, 27 und 28)

Planungsregion			8 Ansbach	7 Nürnberg	8+7	9 Augsburg	15 Günzburg	9+15	Bayern
Bruttoengpaßleistung		MW							
Wärmekraftwerke	Gesamt		0,9	870,5	871,4	271,4	418,0	689,4	7078,8
	öffentlich		0,9	710,3	711,2	160,4	266,7	427,1	5031,8
	industriell		–	683,9	683,9	37,8	250,0	287,8	4205,1
Wasserkraftwerke	Gesamt		0,9	26,4	27,3	122,6	16,7	139,3	826,7
	öffentlich mit DB		–	160,2	160,2	111,0	151,3	262,3	2047,0
	industriell		–	160,0	160,0	105,2	148,8	254,0	1919,6
			–	0,2	0,2	5,8	2,5	8,3	172,4
Proz.-Anteil Bruttoleistung %			0	12,3	12,3	3,8	5,9	9,7	100
Bruttostromerzeugung		GWh							
Wärmekraftwerke	Gesamt		0,9	3089,4	3090,3	926,6	2719,1	3645,7	31571,1
	öffentlich		0,9	3069,1	3070,0	406,4	2039,7	2446,1	23314,3
	industriell		–	3016,8	3016,8	56,9	1991,0	2047,9	19711,0
Wasserkraftwerke	Gesamt		0,9	52,3	53,2	349,5	48,7	398,2	3603,3
	öffentlich mit DB		–	20,3	20,3	520,2	679,4	1199,6	8256,8
	industriell		–	19,4	19,4	483,8	667,1	1150,9	7539,9
			–	0,9	0,9	36,4	12,3	48,7	716,9
Proz.-Anteil Erzeugung %			0	9,8	9,8	2,9	8,6	11,5	100
Brennstoffeinsatz		10³ SKE							
Kohle	Gesamt		0,2	936,3	936,5	132,9	18,9	151,8	7210,0
	öffentlich		0	743,4	743,4	11,1	13,8	24,9	3790,2
	industriell		–	741,1	741,1	5,2	–	5,2	3673,4
Heizöl	Gesamt		–	2,3	2,3	5,9	13,8	19,7	116,8
	öffentlich		0,2	192,9	193,1	119,4	5,1	124,5	2584,8
	industriell		–	162,5	162,5	34,2	–	34,2	1796,0
Gas	Gesamt		0,2	30,4	30,6	85,2	5,1	90,3	788,8
	öffentlich		0	–	0	2,4	0	2,4	853,0
	industriell		–	–	–	1,7	–	1,7	685,8
			–	–	–	0,7	–	0,7	149,2
Proz.-Anteil Brennstoff		%	0	13,0	13,0	1,8	0,3	2,1	100

Zu Beilage 6:
Die Region 8 enthält praktisch keine Anlagen für Stromerzeugung und keinen Brennstoffeinsatz. In der Region 7 liegt die öffentliche Engpaßleistung mit 12,3 % Anteil an der Summe Bayerns und mit 9,8 % Erzeugungsanteil weit über dem regionalen Durchschnitt. In der Summe der Regionen 8+7 wird die theoretische Summe einer Doppelregion für die Leistung um 1,2 % überschritten, für die Erzeugung um 1,3 % unterschritten und für den Brennstoffeinsatz um 1,9 % überschritten. In der Region 9 liegen die drei Vergleichsbereiche unter den Durchschnitten, in der Region 15 für Leistung und Stromerzeugung darüber, jedoch für den Brennstoffeinsatz nahe Null. In der Summe der Regionen 9 + 15 liegt die Leistung um 1,4 % unter dem Durchschnitt, die Erzeugung um 0,5 % darüber, dagegen der Brennstoffeinsatz um 9,0 % weit darunter.

Beilage 7

Öffentliche Kraftwirtschaft Bayerns 1971: Brennstoffeinsatz in 10^3 SKE für Stromerzeugung und Wärmeerzeugung
(Quelle DIW, Teil I, Anl. 24 und 25)

Planungsregion	8 Ansbach	7 Nürnberg	8+7	9 Augsburg	15 Günzburg	9+15	Bayern
Öffentliche Elektrizitätsversorgung in Prozent	0	903,6	903,6	41,1	0	41,1	6155,2
		14,7	14,7	0,7		0,7	100
Steinkohle		741,1	741,1	5,2		5,2	1839,1
tschechische Hartbraunkohle		–	–	–		–	469,1
Braunkohle		162,5	162,5	–		–	1365,2
Heizöl		–	–	34,2		34,2	1796,0
Gas		–	–	1,7		1,7	484,2
Raffinerie-Gas		–	–	–		–	201,6
Brennstoffe zur Stromerzeugung	0	869,2	869,2	16,2	0	16,2	5713,6
Kohle		711,6	711,6	5,2		5,2	3518,3
Heizöl		157,6	157,6	10,3		10,3	1687,2
Gas		–	–	0,7		0,7	508,1
Müll 10^3 t		–	–	–		–	402,6
Brennstoffe zur Wärmeerzeugung	0	61,5	61,5	–	0	–	441,6
Kohle		34,4	34,4	24,9		24,9	155,1
Heizöl		29,5	29,5	–		–	108,8
Gas		4,9	4,9	23,9		23,9	177,7
Müll 10^3 t		–	110,8	1,0		1,0	150,7
Prozentanteile %							
öffentliche Elektrizitätsvers.	0	14,7	14,7	0,7	–	0,7	100
Brennstoffe zur Stromerzeugung	0	15,2	15,2	0,3	–	0,3	100
Brennstoffe zur Wärmeerzeugung	0	7,8	7,8	5,6	–	5,6	100
Anteil Müll für Wärme	0	73,5	73,5	–	–	0	100

Zu Beilage 7:

Die Regionen 8 und 15 hatten 1971 keinen in Steinkohleeinheiten dargestellten Brennstoffeinsatz für Stromerzeugung und Wärmeerzeugung. Dagegen lag dieser für die Region 7 mit 14,7 bzw. 15,2 % weit über dem Durchschnitt, wobei der größte Anteil bei der Steinkohle lag. Bei den Brennstoffen zur Wärmeerzeugung sinkt der Anteil zwar auf 7,8 %. Zu beachten ist die frühzeitige Müllverwertung zur Wärmeerzeugung, in der 73,5 % des bayerischen Anfalls entstand. In der Region 9 sind die Brennstoffe für Stromerzeugung weit unter dem Durchschnitt. Für Brennstoffe zur Wärmeerzeugung entspricht der Anteil von 5,6 % dem Mittel.

Beilage 8

Öffentliche Elektrizitätswirtschaft Bayerns 1971: Engpaßleistung, Bruttostromerzeugung, regionale Verteilung
(Quelle D-W, Teil I, Anl. 21, 22, 23)

Planungsregion		8 Ansbach	7 Nürnberg	8+7	9 Augsburg	15 Günzburg	9+15	Bayern
Engpaßleistung	MW							
Wärmekraftwerke Gesamt		0	843,9	843,9	124,1	398,8	522,9	5869,1
Kohle			683,9	683,9	37,8	250,0	287,8	4099,1
Heizöl			682,1	682,1	25,0	–	25,0	2644,9
Gas			1,8	1,8	12,8	–	12,8	866,5
Kernenergie			–	–	–	–	–	297,0
			–	–	–	–	–	291,0
Wasserkraftwerke Gesamt			160,0	160,0	86,3	250,0	250,0	1769,7
Laufwasser			–	–	86,3	148,8	235,1	1306,0
Speicher u. Pumpspeicher			160,0	160,0	–	148,8	235,1	453,7
Bruttostromerzeugung	GWE							
Wärmekraftwerke Gesamt		0	3036,2	3036,2	454,6	2658,1	3114,7	26101,1
Kohle			3016,8	3016,8	56,9	1991,0	2047,9	19298,1
Heizöl			2498,4	2498,4	10,7	–	10,7	9695,5
Gas			494,1	494,1	43,8	–	43,8	5505,4
Kernenergie			–	–	2,4	–	2,4	1743,3
Sonstige (Müll)			–	–	–	1991,0	1991,0	2111,9
			24,3	24,3	–	–	–	242,0
Wasserkraftwerke Gesamt			19,4	19,4	397,7	667,1	1064,8	6803,0
Laufwasser			–	–	397,7	667,1	1064,8	6265,8
Speicher u. Pumpspeicher			19,4	19,4	–	–	–	537,2
Regionale Verteilung %								
Gesamt Leistung/Erzeugung		0	14,4/11,6	14,4/11,6	2,1/1,7	6,8/10,2	8,9/11,9	100
Wärme Leistung/Erzeugung		0	16,7/15,6	16,7/15,6	0,9/0,3	6,1/10,3	7,0/10,6	100
davon Kernenergie Leistung/Erzeugung		0	0	0	0	85,9/94,3	85,9/94,3	100
Wasser Leistung/Erzeugung		0	9,0/0,3	9,0/0,3	4,9/5,9	8,4/9,8	13,3/15,7	100

Zu Beilage 8:

Auch bei der öffentlichen Elektrizitätswirtschaft hat die Region 8 keine Anteile. Dagegen sind in der Region 7 für Leistung und Erzeugung 14,4 bzw. 11,6 % vorhanden (diese Zahlen gelten auch für die Doppelreg. 8+7 und liegen damit über dem Durchschnitt). Davon haben wiederum den größten Anteil die Wärmekraftwerke, vor allem die Steinkohlekraftwerke. In der Region 9 bleiben die Gesamtzahlen Leistung und Erzeugung beträchtlich unter dem Durchschnitt, jedoch entsprechen die Zahlen für die Laufwasserkraftwerke dem regionalen Durchschnitt. In der Region 15 stechen Leistung und Erzeugung aus Kernenergie mit 85,9 bzw. 94,3 % als Anteil Bayerns hervor. In der Summe 9+15 übertraten die Erzeugungen insgesamt aus Kernenergie und Wasserkraft den Durchschnitt der Doppelregion. Für Wärmekraft liegt der Anteil nur um 0,5 % darunter.

Beilage 9

Industrielle Stromerzeugungsanlagen Bayerns 1971: Engpaßleistung, Bruttostromerzeugung, Brennstoffeinsatz
(Quelle DIW, Teil I, Anl. 16 und 17)

Planungsregion		8 Ansbach	7 Nürnberg	8+7	9 Augsburg	15 Günzburg	9+15	Bayern
Engpaßleistung	MW	0,9	26,6	27,5	128,4	19,2	147,6	954,1
davon Wärme		0,9	26,4	27,3	122,6	16,7	139,3	826,7
Wasser		–	0,2	0,2	5,8	2,5	8,3	127,4
Bruttostromerzeugung	GWh	0,9	53,2	54,1	385,9	61,0	446,9	4320,2
davon Wärme		0,9	52,3	53,2	349,5	48,7	398,2	3603,3
Wasser		–	9,9	0,9	36,4	12,3	48,7	716,9
Brennstoffeinsatz	10^3 t SKE	0,2	32,7	32,9	91,8	18,9	110,7	1054,8
davon Steinkohle		–	2,3	2,3	5,9	13,8	19,7	107,9
Rohbraunkohle		–	–	–	–	–	–	8,9
Heizöl		0,2	30,4	30,6	85,1	5,1	90,2	787,5
Gas		–	–	–	0,7	–	0,7	149,2
Dieselkraftstoff		–	–	–	0,1	–	0,1	1,3
Kernenergie		–	–	–	–	–	–	–
Prozentanteile	%							
Engpaßleistung		0,1	2,8	2,9	13,5	2,0	15,5	100
Bruttostromerzeugung		0	1,2	1,2	8,9	1,4	10,3	100
Brennstoffeinsatz		0	3,1	3,1	8,7	1,8	10,5	100

Zu Beilage 9

Unbedeutende Anteile aus den Regionen 8 und 7 und deren Summe. In der Region 9 liegt der Prozentanteil der Engpaßleistung, überwiegend für Wärmekraft mit 13,5 % hoch, auch die Anteile für Stromerzeugung mit 8,9 % und für Brennstoffeinsatz mit 8,7 % sind über dem Durchschnitt. Da die Zahlen der Region 15 Ähnlichkeit zur Region 8 haben, entstehen in der Summe von 9+15 hohe Anteile.

Beilage 10

Preise der Brennstoffe im Jahr 1971
(Quelle DIW, Teil I, Anlage 12)
und im Jahr 19 . .
(Quelle . . . .) in DM/t SKE

Planungsregion Energieträger/Zeit	8 Ansbach		7 Nürnberg		9 Augsburg		15 Günzburg	
	1971	19 . .	1971	19 . .	1971	19 . .	1971	19 . .
Heizöl, schwer	87	*)	86	*)	83	*)	88	*
Heizöl, leicht	119		116		124		121	
Heizgas	233		286		193		209	
Ruhrkohle	238		239		245		220	
Ruhrkoks	280		260		269		278	

Für fünf Energieträger unterscheiden sich im Jahr 1971 die Preise von Region zu Region. Die Schwankung ist zwar relativ klein für schweres und leichtes Heizöl, sie ist stärker für Ruhrkohle und Ruhrkoks. Sie erreicht die größten Unterschiede für das Heizgas.
*) Vergleichszahlen für neuere Zeit waren nicht zu erhalten.

Beilage 11 Gasverbrauch, Heizgasverbrauch in 10^3 Nm³ und Anteile am Gesamtgasverbrauch in % für 1971
(Quelle DIW, Teil I, Anlage 11)

Planungsregion	8 Ansbach	7 Nürnberg	8+7	9 Augsburg	15 Günzburg	9+15	Bayern
Gasverbrauch	12324	138858	151182	108720	13681	122401	1119158
Haushalt	6600	99407	106007	46395	11484	57879	765382
Handel und Gewerbe	1743	30920	32663	45258	1727	46985	215482
öffentliche Einrichtungen	3981	8531	12512	17067	470	17537	138294
Proz.-Anteil Gasverbrauch %	1,1	12,4	13,5	9,7	1,2	10,9	100
Heizgasverbrauch	4424	48098	52522	89509	5945	95454	673107
Haushalt	2526	31593	34119	36958	4825	41783	390248
Handel und Gewerbe	677	14741	15418	42731	869	43600	138938
öffentliche Einrichtungen	1221	1764	2985	9820	251	10071	43921
Proz.-Anteil Heizgasverbrauch	0,7	7,1	7,8	13,3	0,9	14,2	100
Heizgasanteil am Gasverbrauch %							
Gesamt	35,9	34,6	34,7	82,3	43,5	78,0	60,7
Haushalt	38,3	31,8	32,2	79,7	42,0	72,2	64,1
Handel und Gewerbe	38,8	47,7	47,2	94,4	50,3	92,8	64,2
öffentliche Einrichtungen	30,7	20,7	23,9	57,6	53,4	57,4	31,8

Zu Beilage 11:

Trotz des höchsten Preises für Heizgas für Region 7 hat diese einen hohen prozentualen Gasverbrauch von 12,4 %, so daß zusammen mit der Region 8 mit 13,5 % überdurchschnittliche Anteile entstehen. Dabei überwiegt der Verbrauch der Haushalte. Dagegen geht der Heizgasverbrauch in der Summe auf 7,8 % zurück. In der anderen Gruppe bestimmt die Region 9 vor allem mit dem hohen Anteil im Heizgasverbrauch von 13,3 % auch in der Summe mit den niedrigen Anteilen der Region 15 den Gesamtanteil von 10,9 % für den ganzen Gasverbrauch und von 14,2 % für den Heizgasverbrauch. Für die Gruppe Handel und Gewerbe steigt der Heizgasverbrauch in der Region 9 auf 94,4 % am ganzen Gasverbrauch.

Beilage 12

Gasversorgung der Wohnungen und Haushalte im Jahr 1971
(Quelle DIW, Teil I, Anlage 10)

Planungsregion		Spalte	8 Ansbach	7 Nürnberg	8+7	9 Augsburg	15 Günzburg	9+15	Bayern
Wohnungen	Anzahl	1	118605	415115	533720	240251	126288	366539	3608299
Haush. im Gasversorg.-Gebiet		2	29424	290950	320374	113122	12237	125370	1715820
Anteil	%	2:1	24,8	70,1	60,0	47,1	9,7	34,2	47,6
Gasversorgte Haushalte	Anz.	3	13076	191555	204631	55867	3113	58980	784080
Anteil	%	3:1	11,0	46,1	38,3	23,3	2,5	16,1	21,7
Anteil	%	3:2	44,4	65,8	63,9	49,4	25,4	47,0	45,7
mit Erdgas vers. Haush.	Anz.	4	–	180	180	20943	–	20943	272630
Anteil	%	4:1	–	0,0	0,0	8,7	–	5,7	7,6
Anteil	%	4:2	–	0,1	0,0	18,5	–	16,7	15,9
Anteil	%	4:3	–	0,1	0,1	37,5	–	35,5	34,8
Proz.-Anteil Wohnungen	%	zu 1	3,3	11,5	14,8	6,7	3,5	10,2	100
Proz.-Anteil Gasversorgte Haush.	%	zu 3	1,7	24,4	26,1	7,1	0,4	7,5	100
Proz.-Anteil erdgasvers. Haushalte	%	zu 4	–	0,1	0,1	7,7	–	7,7	100

Zu Beilage 12:
Die Prozentanteile der Wohnungen stimmen weitgehend mit der Bevölkerungszahl nach Beilage 5 überein, wie die folgenden Vergleiche zeigen:

Region	Beilage 5	Beilage 12
8	3,43 %	3,3 %
7	10,36 %	11,5 %
9	6,62 %	6,7 %
15	3,67 %	3,5 %

Von allen Wohnungen liegen in der Region 7 70,1 % in gasversorgten Gebieten, davon sind zwei Drittel gasversorgte Haushalte. Mit Erdgas versorgte Haushalte bestanden 1971 nur in der Region 9, ihr Anteil lag bei einem Drittel der gasversorgten Haushalte.

Beilage 13

Struktur des Endenergieverbrauchs in Bayern im Jahre 1971
(Quelle DIW, Teil I, Anl. 7a und 7b)

Planungsregion Verbrauchergruppe	8 Ansbach 10³t SKE	%	7 Nürnberg 10³t SKE	%	8+7 10³t SKE	%	9 Augsburg 10³t SKE	%	15 Günzburg 10³t SKE	%	9+15 10³t SKE	%	Bayern 10³t SKE	%
Industrie													10068	9,8
Feste Brennstoffe	178,5	1,8	573,8	5,7	752,3	7,5	753,9	7,5	234,4	2,3	988,3	9,8	1258	6,2
Flüssige Brennstoffe	13,2	1,0	62,4	5,0	75,6	6,0	51,3	4,1	27,1	2,2	78,4	6,2	5962	10,6
Heizöl leicht	140,5	2,4	355,9	6,0	496,4	8,3	477,0	8,0	157,2	2,6	634,2	10,6	1676	14,1
Heizöl schwer	56,6	3,4	187,6	11,2	244,2	14,6	155,4	9,3	80,6	4,8	236,0	14,1	4286	9,3
Gasförmige Brennstoffe	83,9	2,0	168,3	3,9	252,2	5,9	321,6	7,5	76,6	1,8	398,2	9,3	850	4,0
Strom	0,8	0,1	24,1	2,8	24,9	2,9	32,1	3,8	2,2	0,3	34,3	4,0	1998	je 100
	24,0	1,2	131,3	6,6	155,3	7,8	193,5	9,7	47,9	2,4	241,4	12,1		
Haushalt u. Kleinverbrauch													13374	10,2
Feste Brennstoffe	421,8	3,2	1534,5	11,5	1956,3	14,6	910,4	6,8	454,5	3,4	1364,9	10,2	1554	10,2
Flüssige Brennstoffe	51,0	3,3	179,0	11,5	230,0	14,8	104,0	6,7	54,0	3,5	158,0	10,2	9644	10,2
Gasförmige Brennstoffe	317,6	3,3	1110,0	11,5	1427,6	14,8	643,7	6,7	337,7	3,5	981,4	10,2	638	10,9
Strom	7,0	1,1	79,1	12,4	86,1	13,5	62,0	9,7	7,8	1,2	69,8	10,9	1538	10,1
	46,2	3,0	166,3	10,8	212,5	13,8	100,7	6,5	55,0	3,6	155,7	10,1		
Verkehr													8534	8,4
Feste Brennstoffe	272,1	3,2	776,4	9,1	1048,5	12,3	451,9	5,3	267,2	3,1	719,1	8,4	240	–
Flüssige Brennstoffe	–	–	–	–	–	–	–	–	–	–	–	–	8084	8,9
Vergaserkraftstoffe	272,1	3,4	776,4	9,6	1048,5	13,0	451,9	5,6	267,2	3,3	719,1	8,9	4747	9,4
Dieselkraftstoffe	152,0	3,2	497,5	10,5	649,5	13,7	281,7	5,9	165,6	3,5	447,3	9,4	2879	9,4
Turbinentreibstoff	120,1	4,2	245,3	8,5	365,4	12,7	170,2	5,9	101,6	3,5	271,8	9,4	385	je 100
Heizöl leicht	–	–	33,6	8,7	33,6	8,7	–	–	–	–	–	–	66	–
Heizöl schwer	–	–	–	–	–	–	–	–	–	–	–	–	7	–
Strom	–	–	–	–	–	–	–	–	–	–	–	–	210	–
Endverbrauch	872,3		2884,7		3757,0		2116,2		956,2		3072,4		31976	
Regionaler Anteil %	2,7		9,0		11,7		6,6		3,0		9,6		100,0	

Zu Beilage 13:

In der Gliederung für vier Regionen mit den Doppelsummen und in die Verbrauchergruppen mit Brennstoffarten fallen aus der Übersicht auf:

Die geringen Anteile des elektrischen Stroms für Industrie sowie Haushalte und Kleinverbraucher. Die überwiegenden Anteile für Haushalte und Kleinverbraucher. Der hohe Anteil der flüssigen Brennstoffe für die Verbrauchergruppe Verkehr. In der Summe der Endverbraucher mit Anteilen von 2,7% für Region 8 und 9,0% für Region 7 entsteht in der Summe mit 11,7% fast das theoretische Mittel. In der anderen Gruppe ergeben sich 9,6% aus 6,6% für Region 9 und 3,0% für Region 15. Damit zeigt sich auch hierfür die logische Abhängigkeit dieser Zahlen von den Bevölkerungsanteilen.

Beilage 14   Struktur des industriellen Energieverbrauchs nach Energieträgern im Jahre 1971
(Quelle DIW, Teil I, Anl. 1a und 1b)

Planungsregion Verbrauchergruppe	8 Ansbach		7 Nürnberg		8+7		9 Augsburg		15 Günzburg		9+15		Bayern	
	10³ t SKE	%	10³ t SKE	%	10³ t SKE	%	10³ t SKE	%	10³ t SKE	%	10³ t SKE	%	10³ t SKE	%
Strom	24,0	13,4	131,3	22,9	155,3	20,6	193,5	25,7	47,9	20,4	241,4	24,4	2000	19,9
Kohle	13,2	7,4	62,4	10,9	75,6	10,0	51,3	6,8	27,1	11,6	78,4	7,9	1258	12,5
Heizöl leicht	56,6	31,7	187,6	32,7	244,2	32,5	155,4	20,6	80,6	34,4	236,0	23,9	1676	16,6
Heizöl schwer	83,9	47,0	168,3	29,3	252,2	33,5	321,6	42,7	76,6	32,7	398,2	40,3	4286	42,6
Stadtgas	0,8	0,5	24,1	4,2	24,9	3,3	6,3	0,8	0,1	0,0	6,4	0,6	190	1,9
Erdgas	0	–	0	–	0	–	25,8	3,4	2,1	0,9	27,9	2,8	659	6,5
Gesamt	178,5	100	573,8	100	752,3		753,9	100	234,4	100	988,3	100	10068	100
Regionale Struktur %	1,8		5,7		7,5		7,5		2,3		9,8		100	

Zu Beilage 14:
In ähnlicher Struktur schwankt der Anteil des elektrischen Stroms nur zwischen 13,4 und 25,7 % des gesamten industriellen Energieverbrauchs. Stets darüber liegt in allen vier Regionen das Heizöl. Im Vergleich hierzu entstehen nur geringe Anteile für das Gas. Mit den regionalen Anteilen von 1,8 % für Region 8 und 5,7 % für Region 7 sowie 7,5 % für Region 9 und 2,3 % für Region 15 entstehen Abweichungen zu den Bevölkerungsanteilen. Dies ist ein Zeichen für den willkürlichen Zusammenhang zwischen Bevölkerung und Industrie.

Beilage 15   Struktur des industriellen Energieverbrauchs nach Industriegruppen im Jahre 1971
(Quelle DIW, Teil I, Anl. 2 c und 2 b)

Planungsregion Verbrauchergruppe	8 Ansbach		7 Nürnberg		8 + 7		9 Augsburg		15 Günzburg		9 + 15		Bayern	
	10³t SKE	%	10³t SKE	%	10³t SKE	%	10³t SKE	%	10³t SKE	%	10³t SKE	%	10³t SKE	%
Bergbau	0	–	0	–	0	–	0	–	0	–	2,0	0,2	69	0,7
Grundstoff u. Produktion	107,3	60,1	171,0	29,8	278,3	37,0	390,3	51,8	138,5	59,1	528,8	53,5	6303	62,6
Investitionsgüter	25,3	14,2	257,3	44,8	282,6	37,6	157,0	20,8	21,9	9,3	178,9	18,1	1329	13,2
Verbrauchsgüter	29,3	16,4	85,5	14,9	114,8	15,3	182,9	24,3	52,7	22,5	235,6	23,8	1517	15,1
Nahrungs- und Genußmittel	16,6	9,3	60,0	10,5	76,6	10,1	23,7	3,1	19,3	8,2	43,0	4,4	850	8,4
Gesamt Industrie	178,5	100	573,8	100	752,3	100	753,9	100	234,4	100	988,3	100	10068	100
Regionale Struktur %	1,8		5,7		7,5		7,5		2,3		9,8		100	

Zu Beilage 15:

Die gleichen Zahlen für die regionale Struktur zeigt die letzte Zeile. Von den kongruenten Anteilen der Verbrauchergruppen zu den Gesamtzahlen Bayerns für die Region 8, 9 und 15 weicht die Region 7 ab, indem dort der Verbrauch für Investitionsgüter mit 44,8 % weit über dem sonst überwiegenden Verbrauch für Grundstoffe und Produktion (hier 29,8 %) liegt.

Beilage 16   Struktur des Energieverbrauchs im Sektor Haushalte und Kleinverbraucher im Jahre 1971
(Quelle DIW, Teil I, Anl. 5 a und 5 b)

Planungsregion Energieträger	8 Ansbach		7 Nürnberg		8 + 7		9 Augsburg		15 Günzburg		9 + 15		Bayern	
	10³t SKE	%	10³t SKE	%	10³t SKE	%	10³t SKE	%	10³t SKE	%	10³t SKE	%	10³t SKE	%
Strom	46,2	10,9	166,3	10,4	212,5	10,5	100,7	10,8	55,0	12,1	155,7	11,2	1538	11,1
Kohle	51,0	12,1	179,0	11,2	230,0	11,4	104,0	11,2	54,0	11,9	158,0	11,4	1554	11,3
Heizöl	317,6	75,3	1110,1	69,3	1427,7	70,5	643,7	69,1	337,8	74,3	981,5	70,8	9644	69,9
Gas	7,0	1,7	79,2	4,9	86,2	4,3	62,0	6,7	7,8	1,7	69,8	5,1	638	4,6
Fernwärme	0	–	67,6	4,2	67,6	3,3	20,7	2,2	–	–	20,7	1,5	425	3,1
Gesamt	421,8	100	1602,2	100	2024,0	100	931,1	100	454,6	100	1385,7	100	13799	100
Regionaler Anteil %	3,1		11,6		14,7		6,75		3,3		10,0		100	

Zu Beilage 16:

In der Struktur des Energieverbrauchs im Sektor Haushalte und Kleinverbraucher lagen die Schwerpunkte beim Heizöl mit über 69 %. Der Anteil des Stroms schwankt für die betrachteten Regionen zwischen 10,4 und 12,1 %. Im Jahre 1971 war der Anteil des Gases noch überraschend niedrig. Die Fernwärme spielte noch eine unbedeutende Rolle. In der Summe der regionalen Anteile mit 3,1 % für Region 8 und 11,6 % für Region 7 sowie 6,7 % für Region 9 und 3,3 % für Region 15 ergeben sich die ähnlichen Proportionen zur Bevölkerung wie bei den Beilagen 12 und 13.

Beilage 17 Struktur des Energieverbrauchs im Verkehrsbereich im Jahre 1971
(Quelle DIW, Teil I, Anl. 6)

Planungsregion	8 Ansbach		7 Nürnberg		8 + 7		9 Augsburg		15 Günzburg		9 + 15		Bayern	
Energieträger	10³ t SKE	%	10³ t SKE	%	10³ t SKE	%	10³ t SKE	%	10³ t SKE	%	10³ t SKE	%	10³ t SKE	%
Kohle	–		–		–		–		–		–		240	2,8
Vergaserkraftstoff	152,0	55,9	497,5	64,1	649,5	61,9	181,7	51,6	165,6	62,0	347,3	56,1	4747	55,6
Dieselkraftstoff	120,1	44,1	245,3	31,6	365,4	34,9	170,2	48,4	101,6	48,0	271,8	43,9	2879	33,7
Heizöl leicht	–		–		–		–		–		–		66	0,8
Heizöl schwer	–		–		–		–		–		–		7	0,1
Turbinentreibstoff	–		33,6	4,3	33,6	3,2	–		–		–		385	4,5
Strom	–		–		–		–		–		–		210	2,5
Gesamt	272,1	100	776,4	100	1048,5	100	351,9	100	267,2	100	619,1	100	8534	100
Regionaler Anteil %	3,2		9,1		12,3		4,1		3,1		7,3		100	

Zu Beilage 17:
Der Energieverbrauch des Verkehrsbereichs erstreckt sich für die vier ausgewählten Regionen mit Ausnahme der Region 7 ausschließlich auf Vergaser- und Dieselkraftstoff. Das Verteilungsverhältnis für Bayern mit 55,6 % Vergaserkraftstoff und 33,7 % Dieselkraftstoff ist ähnlich zu den Regionen. Es bildet mit der Summe von 89,3 % den Hauptanteil aller Energieträger. Das Heizöl hat im Verkehrsbereich auf 0,9 % abgenommen. Die Region 7 enthält noch 4,3 % Turbinentreibstoff, wofür sich für Bayern das ähnliche Verhältnis von 4,5 % ergibt. Die regionalen Anteile sind für die Gruppe 8 und 7 gleich zur Bevölkerung, für die Gruppe 9 und 15 liegen sie darunter.

Beilage 18

Übersicht der regionalen Anteile an der Energie Bayerns im Jahre 1971 in %

aus Beil.	Planungsregion	8 Ansbach	7 Nürnberg	8+7	9 Augsburg	15 Günzburg	9+15	Bayern
5: 18	Theoretischer Durchschnitt Tatsächliche Fläche Bevölkerung	5,55 6,10 3,43	5,55 4,24 10,36	11,10 10,33 13,79	5,55 5,82 6,62	5,55 3,64 3,67	11,10 9,46 10,29	100 100 100
6	*Öffentliche Kraftwerke und Industrie* Bruttoengpaßleistung Bruttostromerzeugung Brennstoffeinsatz	0 0 0	12,3 9,8 13,0	12,3 9,8 13,0	3,8 2,9 1,8	5,9 8,6 0,3	9,7 11,5 2,1	100 100 100
7	*Öffentliche Elektrizitätsversorgung* Brennstoffe zur Stromerzeugung Brennstoffe zur Wärmeerzeugung	0 0 0	14,7 15,2 7,8	14,7 15,2 7,8	0,7 0,3 5,6	0 0 0	0,7 0,3 5,6	100 100 100
8	*Öffentliche Elektrizitätswirtschaft* Gesamt Leistung/Erzeugung Wärme Leistung/Erzeugung Kernenergie Leistung/Erzeugung Wasser Leistung/Erzeugung	0 0 0 0	14,4/11,6 16,7/15,6 0 9,0/0,3	14,4/11,6 16,7/15,6 0 9,0/0,3	2,1/1,7 0,9/0,3 0 4,9/5,9	6,8/10,2 6,1/10,3 85,9/94,3 8,4/9,8	8,9/11,9 7,0/10,6 85,9/94,3 13,3/15,7	100 100 100 100
9	*Industrielle Stromerzeugung* Engpaßleistungen Bruttostromerzeugung Brennstoffeinsatz	0,1 0 0	2,8 1,2 3,1	2,9 1,2 3,1	13,5 8,9 8,7	2,0 1,4 5,8	15,5 10,3 10,5	100 100 100
12 11	*Gasversorgung* gesamte Anzahl Wohnungen gasversorgte Haushalte Gasverbrauch	3,3 1,7 1,1	11,5 24,4 12,4	14,8 26,1 13,5	6,7 7,1 9,7	3,5 0,4 1,2	10,2 7,5 10,9	100 100 100

Noch Beilage 18

aus Beil.	Planungsregion	8 Ansbach	7 Nürnberg	8+7	9 Augsburg	15 Günzburg	9+15	Bayern
13	*Endenergieverbrauch*	2,7	9,0	11,7	6,6	3,0	9,6	100
	Industrie	1,8	5,7	7,5	7,5	2,3	9,8	100
	Haushalt u. Kleinverbraucher	3,2	11,5	14,8	6,7	3,5	10,2	100
	Verkehr	3,2	9,1	12,3	5,3	3,1	8,4	100
13	*Energieverbrauch Industrie*	1,8	5,7	7,5	7,5	2,3	9,8	100
	davon aus Heizöl leicht	3,4	11,2	14,6	9,3	4,8	14,1	100
	Heizöl schwer	2,0	3,9	5,9	7,5	1,8	9,3	100
	Strom	1,2	6,6	7,8	9,7	2,4	12,1	100
16	*Energieverbrauch Sektor*							
	Haushalte u. Kleinverbraucher	3,1	11,6	14,7	6,7	3,3	10,0	100
	davon aus Heizöl	3,3	11,5	14,8	6,7	3,5	10,2	100
17	*Energieverbrauch Verkehr*	3,2	9,1	12,3	4,1	3,1	7,3	100
	Vergaserkraftstoff	3,2	10,5	13,7	3,8	3,5	7,3	100
	Dieselkraftstoff	4,2	8,5	12,7	5,9	3,5	9,4	100

Beilage 19 Künftige Entwicklung des Stromverbrauchs in Bayern in GWh für untere und obere Variante
(Quelle DIW, Teil II, Anl. 36a, 36b)

Planungsregion Variante	8 Ansbach		7 Nürnberg		8+7		9 Augsburg		15 Günzburg		9+15		Bayern	
	untere	obere	untere	obere	untere	obere	untere	obere	untere	obere	untere	obere	untere	obere
Jahr 1980	1110	1340	4140	4950	5250	6290	3170	4350	1440	1700	5210	6050	49340	57080
Industrie	330	370	1540	1700	1870	2070	2360	2590	690	760	3050	4360	23980	26020
Haush. u. Kleinverbr.	780	970	2600	3250	3380	4220	1410	1760	750	940	2160	2700	22760	28460
davon Haushalte	410	510	1270	1580	1680	2090	770	960	380	470	1150	1430	10860	13570
Kleinverbraucher	370	460	1330	1670	1700	2130	640	800	370	470	1010	1270	11900	14890
Jahr 1985	1400	1850	5150	6740	6550	8590	4570	5680	1860	2380	6430	8060	61220	76670
Industrie	450	520	1870	2150	2320	2670	2850	3280	930	1070	3780	4350	29590	33660
Haush. u. Kleinverbr.	950	1330	3280	4590	4230	5920	1720	2400	930	1310	2650	3710	28460	39840
davon Haushalte	500	700	1600	2240	2100	2940	960	1340	470	660	1430	2000	13660	19120
Kleinverbraucher	450	630	1680	2350	2130	2980	760	1060	460	650	1220	1710	14800	20720
Jahr 1990	1700	2360	6300	8660	8000	11020	5590	7320	2320	3100	7910	10420	74800	98290
Industrie	570	690	2200	2670	2770	3360	3490	4250	1140	1370	4630	5620	35940	43170
Haush. u. Kleinverbr.	1130	1670	4100	5990	5230	7660	2100	3070	1180	1730	3280	4800	34960	51220
davon Haushalte	600	890	2000	2920	2600	3810	1190	1740	600	880	1790	2620	16850	24700
Kleinverbraucher	530	780	2100	3070	2630	3850	910	1330	580	850	1490	2180	18110	26520
Prozentuale Anteile														
Jahr 1980 Gesamt	2,3	2,3	8,4	8,7	10,6	11,0	7,6	7,6	2,9	3,0	10,6	10,6	100	100
Jahr 1985	2,3	2,4	8,4	8,8	10,7	11,2	7,5	7,4	3,0	3,1	10,5	10,5	100	100
Jahr 1990	2,3	2,4	8,4	8,8	10,7	11,2	7,5	7,4	3,1	3,2	10,6	10,6	100	100
1980 Haushalte	3,4	3,4	11,4	11,4	14,8	14,8	6,2	6,2	3,3	3,3	9,5	9,5	100	100
1985 und	3,3	3,3	11,5	11,5	14,9	14,9	6,0	6,0	3,3	3,3	9,3	9,3	100	100
1990 Kleinverbraucher	3,2	3,2	11,7	11,7	15,0	15,0	6,0	6,0	3,4	3,4	9,4	9,4	100	100

Beilage 20

Künftige Entwicklung des Mineralölproduktverbrauchs im Sektor der Haushalte und Kleinverbraucher in 10^3 t SKE
(Quelle DIW, Teil II, Anlage 34)

Planungsregion Variante		8 Ansbach		7 Nürnberg		8+7		9 Augsburg		15 Günzburg		9+15		Bayern	
		untere	obere	untere	obere	untere	obere	untere	obere	untere	obere	untere	obere	untere	obere
Jahr 1980	10^3 t SKE	334	426	1241	1579	1575	2005	663	845	383	487	1046	1332	10450	13300
Jahr 1985		326	440	1259	1703	1585	2143	659	892	385	523	1044	1415	10500	14200
Jahr 1990		316	441	1280	1783	1596	2224	658	917	396	551	1054	1468	10550	14700
Jahr 1980	%	3,2	3,2	11,9	11,9	15,1	15,1	6,3	6,4	3,7	3,7	10,0	10,0	100	100
Jahr 1985		3,1	3,1	12,0	12,0	15,1	15,1	6,3	6,3	3,7	3,7	9,9	10,0	100	100
Jahr 1990		3,0	3,0	12,1	12,1	15,1	15,1	6,2	6,2	3,8	3,7	10,0	10,0	100	100

Zu Beilage 20:

Etwa die gleiche Entwicklung, wie sie zum Schluß bei Beilage 19 geschildert wurde, wird für den Verbrauch an Mineralölprodukten im Sektor der Haushalte und Kleinverbraucher erwartet. Die prozentualen Anteile bleiben für die obere und untere Variante über die Jahre hinweg konstant. In der Region 8+7 wird der erwartete Verbrauch mit 13,5 % über dem bayerischen Durchschnitt und in der Region 9+15 mit 10,0 % darunter bleiben.

Beilage 21

Künftige Entwicklung der Investitionen der Gaswirtschaft in Bayern von 1975 bis 1990
(Quelle: DIW, Teil II, Anlagen 33 a und 33 b)

Planungsregion Variante	8 Ansbach untere	8 Ansbach obere	7 Nürnberg untere	7 Nürnberg obere	8+7 untere	8+7 obere	9 Augsburg untere	9 Augsburg obere	15 Günzburg untere	15 Günzburg obere	9+15 untere	9+15 obere	Bayern untere	Bayern obere
Verbrauchszunahme in 10³ SKE														
1975–80 Gesamt	18,7	25,9	71,0	116,6	89,7	142,5	131,5	199,0	23,3	33,4	154,8	232,4	1860	2640
Industrie	15,0	19,0	45,0	58,0	60,0	77,0	60,0	83,0	20,0	25,0	80,0	108,0	1260	1640
Haushalte und Kleinverbraucher	3,7	6,9	26,0	58,6	29,7	65,2	71,5	116,0	3,3	8,4	74,8	124,4	600	1000
1980–85 Gesamt	14,8	20,0	84,4	122,2	99,2	142,2	149,7	195,2	24,7	30,9	174,4	226,1	2050	2700
Industrie	10,0	14,0	50,0	79,0	60,0	93,0	60,0	83,0	20,0	25,0	80,0	108,0	1250	1700
Haushalte und Kleinverbraucher	4,8	6,0	34,4	43,2	39,2	49,2	89,7	112,2	4,7	5,9	94,4	118,1	800	1000
1985–90 Gesamt	29,3	38,8	95,6	125,8	124,9	164,6	214,5	304,7	34,6	45,8	249,1	350,5	2320	3170
Industrie	25,0	32,0	65,0	74,0	90,0	106,0	120,0	164,0	30,0	38,0	150,0	202,0	1520	1970
Haushalte und Kleinverbraucher	4,3	6,8	30,6	51,8	34,9	58,6	94,5	140,7	4,6	7,8	99,1	148,5	800	1200
Proz. Anteil 1985–90	1,3	1,2	4,1	4,0	5,4	5,2	9,2	9,6	1,5	1,4	10,7	11,0	100	100
Investitionen Mio. DM														
1975–80 Gesamt	1,3	1,9	5,8	10,5	7,1	12,4	12,1	18,7	1,6	2,5	13,7	21,2	146,5	216,4
Industrie	0,9	1,1	2,7	3,5	3,6	4,6	3,6	4,9	1,2	1,5	4,8	6,4	75,1	97,4
Haushalte und Kleinverbraucher	0,4	0,8	3,1	7,0	3,5	7,8	8,5	13,8	0,4	1,0	8,9	14,8	71,4	119,0
1980–85 Gesamt	1,2	1,5	7,1	9,8	8,3	11,3	14,3	18,3	1,8	2,2	16,1	20,5	169,8	220,1
Industrie	0,6	0,8	3,0	4,7	3,6	5,5	3,6	4,9	1,2	1,5	4,8	6,4	74,6	110,1
Haushalte und Kleinverbraucher	0,6	0,7	4,1	5,1	4,7	5,8	10,7	13,4	0,6	0,7	11,3	14,1	95,2	209,0
1985–90 Gesamt	2,0	2,7	7,5	10,6	9,5	13,3	18,4	26,6	2,3	3,2	20,7	29,8	185,9	260,1
Industrie	1,5	1,9	3,9	4,4	5,4	6,3	7,1	9,8	1,8	2,3	8,9	12,1	90,7	117,2
Haushalte und Kleinverbraucher	0,5	0,8	3,6	6,2	4,1	7,0	11,3	16,8	0,5	0,9	11,8	17,7	95,2	142,9
Proz. Anteil 1985–90	1,1	1,0	4,0	4,1	5,1	5,1	9,9	10,2	1,2	1,2	11,1	11,4	100	100

Zu Beilage 21:

Die Verbrauchszunahme für die Gruppen Industrie sowie Haushalte und Kleinverbraucher ist für drei Ausbauabschnitte dargestellt. Sie wird in der Region 8 nur bei 1,3 % bzw. 1,2 % des bayerischen Anteils und in der Region 7 bei 4 % bzw. 5,4 % bzw. 5,2 % nicht einmal die Hälfte des theoretischen Durchschnitts erreicht. In der Region 9 werden 9,2 bzw. 9,6 % erwartet. Dagegen fällt die Zunahme in der Region 15 wieder auf 1,5 %. In der Region 9 + 15 entspricht die Verbrauchszunahme mit 10,7 bzw. 11,0 % dem Durchschnitt. Die dafür notwendigen Investitionen laufen hierzu praktisch prozentgleich. Von dem bayerischen Aufwand, der von 1985 bis 1990 zwischen 186 und 260 Mio. DM betragen wird, würde der größte Anteil im Raum Augsburg verbaut werden.

Beilage 22

Künftige Entwicklung der Zahl der vollversorgten Haushalte in Bayern von 1980 bis 1990
(Quelle DIW, Teil II, Anlagen 30a und 30b) Zeile 1 g. H. = gasversorgte Haushalte Zeile 2 v. H. = vollversorgte Haushalte Zeile 3 H. P. = Haushalte in der Planungsregion

Planungsregion Variante	Zeile	8 Ansbach untere	8 Ansbach obere	7 Nürnberg untere	7 Nürnberg obere	8+7 untere	8+7 obere	9 Augsburg untere	9 Augsburg obere	15 Günzburg untere	15 Günzburg obere	9+15 untere	9+15 obere	Bayern untere	Bayern obere
1980 g. H. 10^3	1	13,1	13,1	131,6	191,6	144,7	204,7	55,9	55,9	8,9	9,5	64,8	65,4	802,5	822,8
v. H. 10^3	2	2,2	3,0	37,1	49,9	39,3	52,9	29,3	37,4	7,6	9,5	36,9	46,9	467,9	594,0
Anteil %	2:1	16,8	22,9	28,2	26,0	27,2	25,8	52,4	66,9	85,4	100	56,9	71,7	58,3	72,2
H. P. 10^3	3	139,4	139,4	442,0	442,0	581,4	581,4	274,7	274,7	152,0	152,0	426,7	426,7	4152,0	4152,0
Versorg.-Dichte %	2:3	1,6	2,2	8,4	11,3	6,8	9,1	10,7	13,6	5,0	6,3	8,6	11,0	11,3	14,3
1985 g. H. 10^3	1	13,1	13,1	191,6	191,6	204,7	204,7	55,9	55,9	9,2	11,4	65,1	67,3	885,2	1003,3
v. H. 10^3	2	3,0	3,9	51,0	67,3	54,0	71,2	41,6	52,8	9,2	11,4	50,8	64,2	673,2	843,6
Anteil %	2:1	22,9	29,8	26,6	35,1	26,4	34,8	74,4	94,5	100	100	78,0	95,4	76,1	84,1
H. P. 10^3	3	149,4	149,4	471,8	471,8	621,8	621,8	295,7	295,7	165,9	165,9	461,6	461,6	4486,8	4486,8
Versorg.-Dichte %	2:3	2,0	2,6	10,8	14,3	8,7	11,5	14,1	17,9	5,5	6,9	11,0	13,9	15,0	18,8
1990 g. H. 10^3	1	13,1	13,1	191,6	191,6	204,7	204,7	55,9	70,7	10,7	13,9	66,6	84,6	1032,9	1262,6
v. H. 10^3	2	3,7	5,1	64,5	88,6	68,2	93,7	54,4	70,7	10,7	13,9	65,1	84,6	872,3	1138,4
Anteil %	2:1	28,2	38,9	33,7	46,2	33,3	45,8	97,3	100	100	100	97,7	100	84,5	90,2
H. P. 10^3	3	160,5	160,5	495,1	495,1	655,6	655,6	315,2	315,2	180,7	180,7	495,9	495,9	4820,6	4820,6
Versorg.-Dichte %	2:3	2,3	3,2	13,0	17,9	10,4	14,3	17,3	22,4	5,9	7,7	13,1	17,1	18,1	23,6
Proz.-Anteile v. H. zu 2															
1980		0,5	0,5	7,9	8,4	8,4	8,9	6,3	6,3	1,6	1,6	7,9	7,9	100	100
1985		0,4	0,5	7,6	8,0	8,0	8,4	6,2	6,3	1,4	1,4	7,6	7,6	100	100
1990		0,4	0,4	7,4	7,8	7,8	8,2	6,2	6,2	1,2	1,2	7,5	7,4	100	100
Proz.-Anteile H. P. zu 3															
1980		3,4		10,6		14,0		6,6		3,7		10,3		100	
1985		3,3		10,5		13,8		6,6		3,7		10,3		100	
1990		3,3		10,3		13,6		6,5		3,7		10,3		100	

Zu Beilage 22:

In der Beziehung zwischen den vollversorgten Haushalten und Haushalten in der Planungsregion zeigt sich für die Zukunft eine nur auf 3,2 % zunehmende Versorgungsdichte in der Region 8, auf 5,9 % bzw. 7,7 % in der Region 15, jedoch auf 13,0 bzw. 17,9 % in der Region 7 und auf 17,3 bzw. 22,4 % in der Region 9. Dementsprechend schwankt der Anteil der gasversorgten Haushalte an den vollversorgten Haushalten zwischen 16,8 % und 100 %. Die vollversorgten Haushalte haben in der Region 8 nur 0,4 % des bayerischen Anteils, in der Region 7 jedoch 7,4 bis 7,8 %, in der Region 9 sind es 6,2 % und in der Region 15 1,2 %. In allen Fällen werden die Prozentanteile der Haushalte in der Planungsregion nicht erreicht.

Beilage 23

Künftige Entwicklung des Gasverbrauchs für Haushalte und Kleinverbraucher in Bayern bis 1990
(Quelle DIW, Teil II, Anlage 28a, 28b, 28c, 28d)

Planungsregion Variante	8 Ansbach		7 Nürnberg		8+7		9 Augsburg		15 Günzburg		9+15		Bayern	
	untere	obere	untere	obere	untere	obere	untere	obere	untere	obere	untere	obere	untere	obere
1980 Gasverbrauch	17,2	21,3	180,0	222,8	197,2	244,1	231,6	286,7	28,1	34,8	259,1	321,5	2100	2600
1985 in 10³ SKE	22,0	27,3	214,4	266,0	236,4	293,3	321,3	398,9	32,8	40,7	354,1	439,6	2900	3600
1990	26,3	34,1	245,0	317,8	271,3	351,9	415,6	539,6	37,4	48,5	453,0	588,1	3700	4800
1980 Anteil am jeweiligen	0,82	0,82	8,57	8,57	9,39	9,39	11,03	11,03	1,34	1,34	12,37	12,37	100	100
1985 Gasverbrauch	0,76	0,76	7,39	7,39	8,15	8,15	11,08	11,08	1,13	1,13	12,21	12,21	100	100
1990 Bayern %	0,71	0,71	6,62	6,62	7,33	7,33	11,24	11,24	1,01	1,01	12,25	12,25	100	100
1980 Anteil am jeweiligen	3,63	3,63	9,81	9,81			20,70	20,68	5,28	5,28			13,0	13,0
1985 Gesamtverbrauch in	4,57	4,21	11,14	10,26			26,39	24,65	5,99	5,48			16,76	15,52
1990 Planungsregion %	5,34	4,94	18,87	11,06			30,78	29,11	6,35	5,90			19,63	18,39
1975/80 durchschnittliche	5,0	8,1	3,2	6,3	4,1	7,2	7,7	10,9	2,5	5,7	5,1	8,3	7,0	10,2
1980/85 jährliche	5,0	5,1	3,6	3,6	4,3	4,3	6,8	6,8	3,1	3,2	5,0	5,0	6,7	6,7
1985/90 Steigerungsrate %	3,6	4,5	2,7	3,6	3,2	4,0	5,3	6,3	2,7	3,6	4,0	5,0	5,0	5,9
Prozentanteile des Gasverbrauchs														
1980	0,8	0,8	8,6	8,6	9,4	9,4	11,0	11,0	1,3	1,3	12,3	12,3	100	100
1985	0,8	0,8	7,4	7,4	8,2	8,2	11,1	11,1	1,1	1,1	12,2	12,2	100	100
1990	0,7	0,7	6,6	6,6	7,3	7,3	11,2	11,2	1,0	1,0	12,2	12,2	100	100
Anteil des Gasverbrauchs der Industrie am Endenergieverbrauch in % (Anlage 27)														
1980	12,2	13,6	14,5	15,9			13,4	15,7	9,5	11,0			24,2	22,2
1985	15,2	17,1	19,3	22,4			16,9	19,5	14,1	15,6			28,0	30,5
1990	23,1	24,9	24,7	26,4			23,1	25,9	20,5	21,8			33,3	35,2

Zu Beilage 23:
Der künftige Gasverbrauch der vier ausgewählten Regionen und Bayerns ist in relativen Zahlen und in Prozentanteilen abzulesen. Sinngemäß zu Beilage 22 werden die Region 8 nur 0,8 % der bayerischen Summe und die Region 7 8,6 % bis 6,6 % verbrauchen. Dagegen wird für die Region 9 ein Anstieg auf 11,2 % erwartet, für Region 15 aber nur 1,0 %, so daß in der Region 9+15 zusammen 12,2 % erreicht werden.
Im unteren Teil der Tabelle sind die Anteile des Gasverbrauchs der Industrie am Endenergieverbrauch in prozentualen Verhältnissen zwischen 9,5 % (Region 15 für 1980) und 26,4 % (Region 7 für 1990) zu entnehmen.

Beilage 24

Künftige Entwicklung des Endenergieverbrauchs (100 %) nach Energieträgern in 10^3 t SKE und % für Bayern bis 1990
(Quelle: DIW, Teil II, Anl. 25a mit d, Anl. 26a mit d)

Planungsregion Variante	8 Ansbach		7 Nürnberg		8+7		9 Augsburg		15 Günzburg		9+15		Bayern	
	untere	obere	untere	obere	untere	obere	untere	obere	untere	obere	untere	obere	untere	obere
1980 Endenergieverbr.	1032	1197	3426	4021	4458	5218	2806	3219	1178	1366	3984	4585	38510	44343
Heizkohle	24	20	104	84	128	104	52	39	39	36	91	75	1050	950
Mineralöl	830	962	2527	2982	3357	3944	1910	2170	904	1049	2814	3219	26600	30583
Gas	42	51	285	347	327	398	381	475	58	72	439	547	5110	6110
Strom 10^3 t SKE	136	164	510	608	646	772	463	535	177	209	640	744	5750	6700
1985 Endenergieverbr.	1095	1335	3645	4546	4740	5881	3062	3696	1262	1549	4324	5245	42056	51121
Steinkohle	13	17	47	59	60	76	26	32	14	18	40	50	500	650
Mineralöl	853	1019	2595	3189	3448	4208	1944	2295	935	1136	2879	3431	27256	32621
Gas	57	71	370	465	427	540	531	670	83	103	614	773	7160	8810
Strom 10^3 t SKE	172	228	633	829	805	1057	561	699	230	292	791	991	7140	9040
1990 Endenergieverbr.	1156	1454	3891	5015	5047	6469	3408	4263	1359	1721	4767	5984	46180	58034
Steinkohle	10	10	35	35	45	45	19	19	11	11	30	30	350	400
Mineralöl	854	1044	2617	3319	3471	4363	1955	2369	947	1182	2902	3581	27630	34044
Gas	86	110	465	595	551	705	746	975	117	148	863	1123	9480	11980
Strom 10^3 t SKE	206	290	774	1066	980	1356	688	900	284	380	972	1280	8720	11610
1980 Steinkohle %	2,3	1,7	3,0	2,1	2,9	2,0	1,9	1,2	3,3	2,6	2,3	1,6	2,7	2,1
Mineralöl	80,4	80,3	73,8	74,2	75,3	75,6	68,0	67,4	76,8	76,8	70,6	70,2	69,1	69,0
Gas	4,1	4,3	8,3	8,6	7,3	7,6	13,6	14,8	4,9	5,3	11,0	11,9	13,3	13,8
Strom	13,2	13,7	14,9	15,1	14,5	14,8	16,5	16,6	15,0	15,3	16,1	16,2	14,9	15,1
1990 Steinkohle %	0,9	0,7	0,9	0,7	0,9	0,7	0,6	0,4	0,8	0,6	0,6	0,5	0,8	0,7
Mineralöl	73,9	71,8	67,2	66,1	69,1	67,4	57,3	55,6	69,7	68,7	60,9	59,8	59,8	58,7
Gas	7,4	7,6	12,0	11,9	11,0	10,9	21,9	22,9	8,6	8,6	18,1	18,8	20,5	20,6
Strom	17,8	19,9	19,9	21,3	19,5	21,0	20,2	21,1	20,9	22,1	20,4	21,4	18,9	20,0

Zu Beilage 24:

Durch den Ansatz der Gesamtwerte des bayerischen Endenergieverbrauchs mit der Aufteilung nach Energieträgern ist die Entwicklung in den Regionen zwischen 1980 und 1990 gewissermaßen vorbestimmt. Für Bayern wird erwartet, daß die Steinkohle über 2,7 % auf 0,7 % abnimmt. Abnehmende Tendenz gilt auch für das Mineralöl von 69,1 % auf 58,7 %, der bestimmende Einfluß als solcher bleibt aber bestehen. Zunahmen werden erwartet für Gas von 13,3 % auf 20,6 %, das damit den Anteil des Stroms von 14,9 % für 1980 mit 20,0 % nach der oberen Variante für 1990 noch übertreffen wird. Bei den vier Regionen entspricht für den Energieträger Mineralöl in der Region 9 der Anteil dem bayerischen Durchschnitt, in den drei anderen Regionen liegt er darüber mit dem größten Anteil von 80,4 % für 1980 und immerhin noch 73,9 % für 1990 in Region 8. Beim Verbrauch aus dem Energieträger Gas liegen mit Ausnahme der Region 9 die anderen Regionen unter dem Durchschnitt. Der Anteil des Energieträgers Strom ist überraschend relativ gering, er ist sehr ähnlich zum bayerischen Durchschnitt und wird mit 22,1 % den höchsten Satz 1990 in der Region 15 erreichen.

Beilage 25

Künftige Entwicklung des Endenergieverbrauchs (100%) nach Verbrauchergruppen in 10^3 t SKE und % für Bayern bis 1990
(Quelle: DIW, Teil II, Anlage 23a mit d, Anlage 24a und b)

Planungsregion Variante	8 Ansbach		7 Augsburg		8 + 7		9 Augsburg		15 Günzburg		9 + 15		Bayern	
	untere	obere	untere	obere	untere	obere	untere	obere	untere	obere	untere	obere	untere	obere
1980 Endenergieverbrauch	1032	1197	3426	4021	4458	5218	2806	3219	1178	1366	3984	4585	38510	44343
Industrie	205	220	725	778	930	998	1120	1199	315	338	1435	1537	13540	14520
Haushalte und Kleinverbr.	473	586	1834	2271	2307	2857	1119	1387	532	659	1651	2046	16150	20000
Verkehr	354	391	867	972	1221	1363	567	633	331	369	898	1002	8820	9823
1985 Endenergieverbrauch	1095	1335	3645	4546	4740	5881	3062	3696	1262	1549	4324	5245	42056	51121
Industrie	230	257	805	906	1035	1163	1240	1389	355	397	1595	1786	15240	17100
Haushalte und Kleinverbr.	482	648	1924	2592	2406	3240	1217	1618	547	742	1764	2360	17300	23200
Verkehr	383	430	916	1048	1299	1478	605	689	360	410	965	1099	9516	10821
1990 Endenergieverbrauch	1156	1454	3891	5015	5047	6469	3408	4263	1359	1721	4767	5984	46180	58034
Industrie	260	305	890	1049	1150	1354	1430	1682	390	458	1820	2140	17340	20380
Haushalte und Kleinverbr.	492	690	2064	2874	2556	3564	1351	1853	588	822	1939	2675	18850	26100
Verkehr	404	459	937	1092	1341	1551	627	728	381	441	1008	1169	9990	11554
1980 *Prozentanteile*	2,7	2,7	8,9	9,1	11,6	11,8	7,3	7,3	3,1	3,1	10,3	10,3	100	100
1985 *des Endenergie-*	2,6	2,6	8,7	8,9	11,3	11,5	7,3	7,2	3,0	3,0	10,3	10,3	100	100
1990 *verbrauchs %*	2,5	2,5	8,4	8,6	10,9	11,1	7,4	7,4	2,9	3,0	10,3	10,3	100	100
1980 Industrie %	19,8	18,4	21,2	19,3	20,9	19,1	39,9	42,0	26,7	24,7	36,0	33,5	35,2	32,7
Haushalte und Kleinverbr.	45,9	49,0	53,5	56,5	51,7	54,8	39,9	39,6	45,2	48,2	41,4	44,6	41,9	45,1
Verkehr	34,3	32,6	25,3	24,2	27,4	26,1	20,2	18,4	28,1	27,1	22,6	21,9	22,9	22,2
1990 Industrie %	22,4	21,0	22,9	20,9	22,8	20,9	42,0	39,4	28,7	26,6	38,2	35,8	37,5	35,1
Haushalte und Kleinverbr.	42,6	47,4	53,0	57,3	50,6	55,1	39,6	43,5	43,3	47,8	40,7	44,7	40,8	45,0
Verkehr	35,0	31,6	24,1	21,8	26,6	24,0	18,4	17,1	28,0	25,6	21,1	19,5	21,7	19,9

Zu Beilage 25:

Bezüglich der Zahlen für den Endenergieverbrauch der vier Regionen und Bayerns gelten die Bemerkungen zu Beilage 24. Der Endenergieverbrauch bleibt auch in weiterer Zukunft in der Region 8 bei 2,6% und in der Region 15 bei 3,0% der bayerischen Summe, aber überdurchschnittlich mit 8,7% in der Region 7 und mit 7,3% in der Region 9. Für die Doppelregion 8 + 7 entspricht der Verbrauch um 11,3% dem Durchschnitt, in der Region 9 + 15 bleibt er mit 10,3% leicht darunter. Die Verbrauchergruppe Industrie hat den kleinsten Anteil mit 18,4% für 1980 in Region 8 und den größten mit 42,0% für 1990 in Region 9. Darüber liegt die Gruppe Haushalt und Kleinverbraucher mit dem geringsten Wert von 39,6% für 1980 in Region 9 und dem höchsten Wert von 57,3% im Jahre 1990 gerade in der Industrieregion 7. Deutlich darunter liegt die Gruppe Verkehr mit dem unteren Wert von 18,4% im Jahre 1990 in Region 9 und dem oberen Wert von 35,0% im Jahre 1990 in Region 8.

Beilage 26

Künftige Entwicklung des Endenergieverbrauchs (100%) im Straßenverkehr in 10^3 t SKE und % für Bayern bis 1990
(Quelle DIW, Teil II, Anlage 17, 18, 20)

Planungsregion Variante	8 Ansbach		7 Nürnberg		8+7		9 Augsburg		15 Günzburg		9+15		Bayern	
	untere	obere	untere	obere	untere	obere	untere	obere	untere	obere	untere	obere	untere	obere
1980 Verbrauch Vergaserkraftstoff	186	217	595	690	781	907	361	419	200	234	561	653	5517	6398
1985	195	235	620	736	815	971	384	456	216	258	600	714	5863	6970
1990	203	246	624	757	827	1003	396	480	227	276	623	756	6050	7338
jährl. Zuwachsrate 1990/72	1,3	2,4	1,0	2,0	1,2	2,2	1,5	2,6	1,6	2,8	1,5	2,7	1,3	2,4
1980 Verbrauch Dieselkraftstoff	168	174	272	283	440	457	207	214	131	136	338	350	3303	3425
1985	186	195	296	312	482	507	222	233	144	152	366	385	3653	3851
1990	201	214	313	334	514	548	232	247	154	165	386	412	3940	4216
jährl. Zuwachsrate 1990/72	2,2	2,6	2,1	2,4	2,2	2,5	1,7	2,1	2,1	2,5	1,9	2,3	2,3	2,7
1980 Endenergieverbrauch Straßenverkehr	354	391	867	972	1221	1363	568	633	331	369	899	1002	8820	9823
1985	383	430	915	1048	1298	1478	606	689	360	410	966	1099	9516	10821
1990	404	460	937	1092	1341	1552	628	727	381	441	1009	1168	9990	11554
jährl. Zuwachsrate 1990/72	1,7	2,5	1,3	2,2	1,5	2,4	1,6	2,4	1,8	2,7	1,7	2,5	1,7	2,5
1980 Prozentanteile des Endenergieverbrauchs %	4,0	4,0	9,8	9,9	13,8	13,9	6,4	6,4	3,8	3,8	10,2	10,2	100	100
1985	4,0	4,0	9,6	9,7	13,6	13,7	6,4	6,4	3,8	3,8	10,2	10,2	100	100
1990	4,0	4,0	9,4	9,5	13,4	13,4	6,3	6,3	3,8	3,8	10,1	10,1	100	100

Zu Beilage 26:
Die jährlichen Zuwachsraten für die Zeit 1990/72 sind für den Endenergieverbrauch im Straßenverkehr und für die Anteile des Vergaserkraftstoffs und Dieselkraftstoffs für die betrachteten Regionen und für Bayern etwa gleich. Alle Zahlen schwanken nur zwischen 1,0% in Region Nürnberg und 2,8% in Region Günzburg. Die Anteile des Endenergieverbrauchs im Straßenverkehr der Regionen in Bayern verhalten sich über die Jahre 1980, 1985 und 1990 praktisch unverändert in sehr guter Abhängigkeit und Übereinstimmung mit dem Bevölkerungsanteil. Dabei liegen die Regionen 8 und 15 unter dem Durchschnitt, die Region 9 leicht über und cie Region 7 beträchtlich über dem Durchschnitt einer Region.

Beilage 27 Künftige Entwicklung der PKW-Dichte und Bestände für Bayern bis 1990
(Quelle DIW, Teil II, Anlagen 15, 16)

Planungsregion	8 Ansbach		7 Nürnberg		8+7		9 Augsburg		15 Günzburg		9+15		Bayern	
Variante	untere	obere	untere	obere	untere	obere	untere	obere	untere	obere	untere	obere	untere	obere
PKW-Dichte je 1000 Einw.														
1980	323	340	326	342	325	341	318	334	319	337	319	336	323	338
1985	339	362	340	362	340	362	336	358	336	360	336	359	338	360
1990	346	371	346	372	346	372	344	370	344	371	344	371	345	371
Grenzwert	350	380	350	380	350	380	350	380	350	380	350	380	350	380
PKW-Bestände in 1000 Stück														
1980	121,1	127,5	387,0	406,0	508,1	533,5	234,7	246,5	130,2	137,5	364,9	384,0	3590	3766
1985	129,5	138,3	407,0	433,3	536,5	571,6	252,0	268,5	141,8	151,9	393,8	420,4	3852	4103
1990	134,9	144,7	414,5	445,7	549,4	590,4	262,8	282,7	150,7	162,5	413,5	445,2	4017	4319
1980 Prozentanteile	3,4	3,4	10,8	10,8	14,2	14,2	6,5	6,5	3,6	3,7	10,2	10,2	100	100
1985 des	3,4	3,4	10,6	10,6	13,9	13,9	6,5	6,5	3,7	3,7	10,2	10,2	100	100
1990 *Bestandes*	3,4	3,4	10,3	10,3	13,7	13,7	6,5	6,5	3,8	3,8	10,3	10,3	100	100
jährliche Zuwachsrate % 1972/90	2,0	2,4	1,6	2,0	1,8	2,2	2,2	2,6	2,3	2,8	2,2	2,7	2,0	2,4

Zu Beilage 27:
Die Verbreitung der Personenkraftwagen ist durch die Grenzwerte von 350 Stück je 1000 Einwohner bei der unteren Variante mit 3,0 % Anstieg und von 380 Stück bei der oberen Variante mit 3,9 % Wachstum pro Jahr gekennzeichnet. Für 1990 wird diese Grenzdichte in allen Regionen beinahe erreicht, womit auch das Gleichgewicht zu den Verhältnissen des ganzen Freistaates Bayern bestehen bleibt. Aus der PKW-Dichte werden die PKW-Bestände abgeleitet, die in den einzelnen Regionen und der Summe der je zwei Regionen mit den Anteilen der Bevölkerung übereinstimmt. Die jährliche Zuwachsrate 1972/90 ist mit 1,6 % am kleinsten in der Region 7 und mit 2,8 % am größten in der Region 15. Die Abweichung von der Zuwachsrate für Bayern mit 2,0 bzw. 2,4 % ist klein.

Beilage 28

Künftige Entwicklung des Endenergieverbrauchs im Sektor der Haushalte und Kleinverbraucher für Bayern bis 1990
(Quelle DIW, Teil II, Anlage 13a, 13b, 13c, 12d, 12e, 12h, 12j)

Planungsregion Variante		8 Ansbach		7 Nürnberg		8+7		9 Augsburg		15 Günzburg		9+15		Bayern	
		untere	obere	untere	obere	untere	obere	untere	obere	untere	obere	untere	obere	untere	obere
1980	Verbrauch	473,5	586,2	1834,2	2271,4	2307,7	2857,6	1119,1	1386,1	532,1	659,0	1651,2	2045,1	16150	20000
1985	10^3 t SKE	481,9	647,7	1924,0	2592,3	2405,9	3240,0	1217,4	1618,2	547,5	742,3	1764,9	2360,5	17300	23200
1990		492,1	689,9	2063,6	2873,9	2555,7	3563,8	1351,0	1853,6	588,6	822,4	1939,6	2676,0	18850	26100
1980	Prozentual-	2,9	2,9	11,4	11,4	14,3	14,3	6,9	6,9	3,3	3,3	10,2	10,2	100	100
1985	anteile des	2,8	2,8	11,1	11,2	13,9	14,0	7,0	7,0	3,2	3,2	10,2	10,2	100	100
1990	Verbrauchs %	2,6	2,6	11,0	11,0	13,6	13,6	7,2	7,1	3,1	3,2	10,3	10,3	100	100
Durchschnittliche jährliche Wachstumsraten in %															
1975/80		0,4	2,5	1,2	3,4	0,8	3,0	1,9	4,1	0,9	3,0	1,4	3,5	1,5	3,7
1980/85		0,3	2,0	1,0	2,7	0,7	1,4	1,7	3,1	0,6	2,4	1,1	2,7	1,4	3,0
1985/90		0,4	1,3	1,4	2,1	0,9	1,2	2,1	2,8	1,5	2,1	1,8	2,5	1,7	2,4
1975/90		0,4	1,9	1,2	2,7	0,8	1,3	1,9	3,3	1,0	2,5	1,4	2,9	1,5	3,0
1980	Davon Mineralöl-	236,0	297,9	870,5	1107,9	1106,5	1405,8	464,9	591,9	268,6	341,8	733,5	933,7	7338	9339
1985	produkte in Haus-	231,9	308,1	884,1	1195,6	1116,0	1503,7	462,0	624,8	270,9	367,9	732,9	992,7	7377	9977
1990	halten 10^3 t SKE	225,6	308,7	898,9	1252,4	1124,5	1561,1	461,2	642,4	279,6	389,6	740,8	1032,0	7416	10333
1980	Davon Mineralöl-	100,3	127,7	370,2	470,8	470,5	598,5	198,2	252,7	113,9	145,0	312,1	397,7	3112	3961
1985	produkte für Klein-	97,7	132,1	374,9	506,9	472,6	639,0	197,4	267,0	114,5	154,8	311,9	421,8	3123	4223
1990	verbraucher 10^3 t SKE	94,4	132,3	380,9	530,7	475,3	663,0	197,1	274,9	116,2	161,7	313,3	436,6	3134	4367
1990	Mineralölprod. Haus-	3,0	3,0	12,1	12,1	15,2	15,1	6,2	6,2	3,8	3,8	10,0	10,0	100	100
%	halte Kleinverbraucher	3,0	3,0	12,2	12,1	15,2	15,2	6,3	6,3	3,7	3,7	10,0	10,0	100	100

Zu Beilage 28:

Der Endenergieverbrauch im Sektor Haushalte und Kleinverbraucher läßt in der Region 8 um 2,8 %, in der Region 7 um 11,1 % und in der Doppelregion 8+7 um 13,9 % sowie in der Region 9 um 7,0 %, in der Region 15 um 3,2 % und in der Region 9+15 um 10,2 % erwarten. Die Wachstumsraten für die kommenden Fünfjahresabschnitte liegen in der erstgenannten Gruppe unter den bayerischen Durchschnitten, in der Region 15 ebenfalls darunter, dagegen in der Region 9 darüber. Damit entspricht das erwartete Wachstum in der Doppelregion 9+15 etwa dem bayerischen Durchschnitt. Der Verbrauch in Mineralölprodukten beträgt im Verhältnis Haushalte : Kleinverbrauch = x : 1,00 für

Region	8	7	9	15
Jahr 1980 x =	2,36	2,35	2,35	2,36
Jahr 1985	2,37	2,36	2,34	2,37
Jahr 1990	2,39	2,36	2,34	2,41

Nach diesen Zahlen werden für die Zukunft keine Änderungen erwartet.

Beilage 29

Künftige Entwicklung des industriellen Energieverbrauchs für Bayern bis 1990 nach Energieträgern (Steinkohle Null)
(Quelle DIW, Teil II, Anlage 9b, 9c, 9d)

Planungsregion	8 Ansbach		7 Nürnberg		8+7		9 Augsburg		15 Günzburg		9+15		Bayern	
Variante	untere	obere	untere	obere	untere	obere	untere	obere	untere	obere	untere	obere	untere	obere
1980 Mineralöl-	140	145	420	431	560	576	680	692	190	193	870	885	7330	7460
1985 produkte	140	149	420	438	560	587	680	714	190	203	870	917	7240	7600
1990 in 10³ t SKE	130	144	400	444	530	588	670	724	170	190	840	914	7090	7790
jährl. Zuwachsrate %	−0,7	0,4	−0,2	0,4	−0,5	0,4	0,2	0,5	−0,3	0,3	−0,1	0,4	0,1	0,6
1980 Gas	25	30	105	124	130	154	150	188	30	37	180	225	3010	3510
1985 in 10³ t SKE	35	44	155	203	190	247	210	271	50	62	260	333	4260	5210
1990	60	76	220	277	280	353	330	435	80	100	410	535	5780	7180
jährl. Zuwachsrate %	26,3	27,9	13,5	15,0	19,9	21,5	11,6	13,4	21,0	22,5	16,3	18,0	9,5	10,9
1980 Strom	40	45	190	209	230	254	290	319	85	94	375	413	2950	3200
1985 in 10³ t SKE	55	64	230	265	285	329	350	404	115	132	465	536	3640	4160
1990	70	85	270	328	340	413	430	523	140	168	570	691	4420	5310
jährl. Zuwachsrate %	5,7	6,8	3,8	5,0	4,7	5,7	4,3	5,5	5,6	6,7	4,8	6,1	4,4	5,5
Prozentanteile														
1980 Mineralöl	1,9	1,9	5,7	5,8	7,6	7,7	9,3	9,3	2,6	2,6	11,9	11,9	100	100
1985 Gas	0,8	0,9	3,5	3,5	4,3	4,4	5,0	5,4	1,0	1,0	6,0	6,4	100	100
1980 Strom	1,4	1,4	6,4	6,5	7,8	7,9	9,8	10,0	2,9	2,9	12,7	12,9	100	100
1990 Mineralöl	1,8	1,8	5,6	5,7	7,5	7,5	9,5	9,3	2,4	2,4	11,8	11,7	100	100
1985 Gas	1,0	1,1	3,8	3,9	4,8	4,9	5,7	6,1	1,4	1,4	7,1	7,5	100	100
1990 Strom	1,6	1,6	6,1	6,2	7,7	7,8	9,7	9,8	3,2	3,2	12,9	13,0	100	100

Zu Beilage 29:

Wesentliche Veränderungen des industriellen Energieverbrauchs werden in Form leichter Abnahmen für die untere Variante und leichter Zunahmen für die obere Variante für die Gruppe der Mineralölprodukte, jedoch sehr starker Zunahmen für den Gasverbrauch erwartet. Die höchste Zuwachsrate mit 27,9 % wird für die Region 8 geschätzt, gegenüber dem bayerischen Anstieg von 10,9 %. Bei dem nach Zahlen für Bayern erst an dritter Stelle stehenden Energieträger Strom ergeben sich die größten Zuwachsraten bis 6,8 % in der Region 8 und die kleinsten mit 3,8 % in der Region 7. Der Vergleich der Prozentanteile von 1980 zu Jahr 1990 zeigt nur kleine Unterschiede, jedoch von Region zu Region und je nach Energieträger die normalen Unterschiede.

Beilage 30

Künftige Entwicklung des industriellen Energieverbrauchs in 10^3 t SKE für Bayern bis 1990 nach Gruppen
(Quelle: DIW, Teil II, Anlage 8a, 8b, 8c, 8d, 8e)

Planungsregion Variante	8 Ansbach		7 Nürnberg		8 + 7		9 Augsburg		15 Günzburg		9 + 15		Bayern	
	untere	obere	untere	obere	untere	obere	untere	obere	untere	obere	untere	obere	untere	obere
1980 Industrie	205	220	725	778	930	998	1120	1199	315	338	1435	1537	13540	14520
1985	230	257	805	906	1035	1163	1240	1389	355	397	1595	1786	15240	17100
1990 gesamt	260	305	890	1049	1150	1354	1430	1682	390	458	1820	2140	17340	20380
jährl. Zuwachsrate %	2,4	3,4	2,0	2,9	2,2	3,2	2,4	3,3	2,1	3,0	2,3	3,2	2,5	3,4
1980 Grundstoff-	100	108	200	216	300	324	550	593	190	205	740	798	8420	9080
1985 und Produktions-	110	125	230	260	340	385	600	677	210	236	810	913	9440	10650
1990 güterindustrie	125	147	260	306	385	453	700	826	225	266	925	1092	10770	12710
jährl. Zuwachsrate %	2,0	2,9	2,0	3,0	2,0	3,0	2,1	3,0	1,6	2,5	1,9	2,7	2,3	3,3
1980 Investitions-	35	38	350	378	385	416	200	216	35	38	235	254	1860	2010
1985 güter-	40	45	390	442	430	487	230	260	45	51	275	311	2190	7980
1990 industrie	45	54	430	512	475	566	270	324	50	59	320	383	2560	3050
jährl. Zuwachsrate %	2,6	3,6	2,2	3,2	2,4	3,4	2,9	3,9	4,3	5,2	3,6	4,6	3,3	4,3
1980 Verbrauchs-	45	48	105	111	150	159	230	244	65	69	295	313	1940	2060
1985 güter-	50	55	110	123	160	178	260	290	70	78	330	368	2150	2400
1990 industrie	55	65	120	141	175	206	300	353	80	94	380	447	2410	2830
jährl. Zuwachsrate %	2,7	3,6	1,3	2,2	2,0	2,9	2,4	3,3	2,2	3,1	2,3	3,2	2,1	3,1
1980 Nahrungs-	25	26	70	73	95	99	140	146	25	26	165	172	1320	1370
1985 und Genußmittel-	30	32	75	81	105	103	150	162	30	32	180	194	1460	1570
1990 industrie	35	39	80	90	115	154	160	179	35	39	195	218	1600	1790
jährl. Zuwachsrate %	4,0	4,6	1,8	2,5	2,9	3,8	3,1	3,7	3,6	4,3	3,3	4,0	3,1	3,8
1990 Ind. gesamt Proz. Anteil %	1,5	1,5	5,1	5,1	6,6	6,6	8,2	8,3	2,2	2,2	10,5	10,5	100	100

Zu Beilage 30:
Die Aufgliederung des industriellen Energieverbrauchs in der Erwartung auf 1990 mit 1,5 % für die Region 8 und 5,1 % für die Region 7, somit 6,6 % für Region 8 + 7, sowie 8,2 % für die Region 9 und 2,2 % für die Region 15, somit 10,5 % für Region 9 + 15, in Gruppen läßt Veränderungen erkennen. Von den Gruppen haben die Grundstoff- und Produktionsgüterindustrie den größten Einfluß (hier schwankt die jährliche Zuwachsrate zwischen 1,6 und 3,0 %) und die Nahrungs- und Genußmittelindustrie den kleinsten Einfluß (Schwankung der Zuwachsrate zwischen 1,8 und 4,6 %).

Beilage 31 Übersicht der regionalen Anteile an der künftigen Entwicklung in Bayern bis 1990 in %

aus Beilage	Planungsregion Variante		8 Ansbach		7 Nürnberg		8+7		9 Augsburg		15 Günzburg		9+15		Bayern	
			untere	obere	untere	obere	untere	obere	untere	obere	untere	obere	untere	obere	untere	obere
	Anteil der Bevölkerung %		3,43		10,36		13,79		6,62		3,67		10,29		100	
19	Stromverbrauch % Gesamt	1980	2,3	2,3	8,4	8,7	10,6	11,0	7,6	7,6	2,9	3,0	10,6	10,6	100	100
		1985	2,3	2,4	8,4	8,8	10,7	11,2	7,5	7,4	3,0	3,1	10,5	10,5	100	100
		1990	2,3	2,4	8,4	8,8	10,7	11,2	7,5	7,4	3,1	3,2	10,6	10,6	100	100
20	Mineralölprodukte f. Haushalt u. Kleinverbr.	1980	3,2	3,2	11,9	11,9	15,1	15,1	6,3	6,4	3,7	3,7	10,0	10,0	100	100
		1990	3,0	3,0	12,1	12,1	15,1	15,1	6,2	6,2	3,8	3,7	10,0	10,0	100	100
21	Gas Verbrauchszunahme Investitionen	1985/90	1,3	1,2	4,1	4,0	5,4	5,2	9,2	9,6	1,5	1,4	10,7	11,0	100	100
		1985/90	1,1	1,0	4,0	4,1	5,1	5,1	9,9	10,2	1,2	1,2	11,1	11,4	100	100
22	Haushalte gesamt	1990	3,3		10,3		13,6		6,5		3,7		10,3		100	
	Haushalte vollversorgt	1990	0,4	0,4	7,4	7,8	7,8	8,2	6,2	6,2	1,2	1,2	7,5	7,4	100	100
23	Gasverbrauch Haushalte und Kleinverbraucher	1990	0,7	0,7	6,6	6,6	7,3	7,3	11,2	11,2	1,0	1,0	12,2	12,2	100	100
25	Endenergieverbrauch gesamt	1980	2,7	2,7	8,9	9,1	11,6	11,8	7,3	7,3	3,0	3,1	10,3	10,3	100	100
		1985	2,6	2,6	8,7	8,9	11,3	11,5	7,3	7,2	3,0	3,0	10,3	10,3	100	100
		1990	2,5	2,5	8,4	8,6	10,9	11,1	7,4	7,4	2,9	3,0	10,3	10,3	100	100
26	Endenergieverbrauch im Straßenverkehr	1980	4,0	4,0	9,8	9,9	13,8	13,9	6,4	6,4	3,8	3,8	10,2	10,2	100	100
		1985	4,0	4,0	9,6	9,7	13,6	13,7	6,4	6,4	3,8	3,8	10,2	10,2	100	100
		1990	4,0	4,0	9,4	9,5	13,4	13,4	6,3	6,3	3,8	3,8	10,1	10,1	100	100
27	PKW-Bestand	1980	3,4	3,4	10,8	10,8	14,2	14,2	6,5	6,5	3,6	3,7	10,2	10,2	100	100
		1985	3,4	3,4	10,6	10,6	13,9	13,9	6,5	6,5	3,7	3,7	10,2	10,2	100	100
		1990	3,4	3,4	10,3	10,3	13,7	13,7	6,5	6,5	3,8	3,8	10,3	10,3	100	100
28	Endenergieverbrauch der Haushalte und Kleinverbraucher	1980	2,9	2,9	11,4	11,4	14,3	14,3	6,9	6,9	3,3	3,3	10,2	10,2	100	100
		1985	2,8	2,8	11,1	11,2	13,9	14,0	7,0	7,0	3,2	3,2	10,2	10,2	100	100
		1990	2,6	2,6	11,0	11,0	13,6	13,6	7,2	7,1	3,1	3,2	10,3	10,3	100	100

Noch Beilage 31

aus Beilage	Planungsregion Variante	8 Ansbach untere	8 Ansbach obere	7 Nürnberg untere	7 Nürnberg obere	8 + 7 untere	8 + 7 obere	9 Augsburg untere	9 Augsburg obere	15 Günzburg untere	15 Günzburg obere	9 + 15 untere	9 + 15 obere	Bayern untere	Bayern obere
29	*Industrieller Energieverbrauch*														
	1980 Mineralöl	1,9	1,9	5,7	5,8	7,6	7,7	9,3	9,3	2,6	2,6	11,9	11,9	100	100
	Gas	0,8	0,9	3,5	3,5	4,3	4,4	5,0	5,4	1,0	1,0	6,0	6,4	100	100
	Strom	1,4	1,4	6,4	6,5	7,8	7,9	9,8	10,0	2,9	2,9	12,7	12,9	100	100
	1990 Mineralöl	1,8	1,8	5,6	5,7	7,5	7,5	9,5	9,3	2,4	2,4	11,8	11,7	100	100
	Gas	1,0	1,1	3,8	3,9	4,8	4,9	5,7	6,1	1,4	1,4	7,1	7,5	100	100
	Strom	1,6	1,6	6,1	6,2	7,7	7,8	9,7	9,8	3,2	3,2	12,9	13,0	100	100
30	1980 gesamt	1,5	1,5	5,4	5,4	6,9	6,9	8,3	8,3	2,3	2,3	10,6	10,6	100	100
	1990 gesamt	1,5	1,5	5,1	5,1	6,6	6,6	8,2	8,3	2,2	2,2	10,5	10,5	100	100
100															

Beilage 32

Daten zur Bewertung der Stromversorgung in Bayern für das Jahr 1971
(Quelle: DIW, Teil I)

Aus Seite	Planungsregion	8 Ansbach	7 Nürnberg	8+7	9 Augsburg	15 Günzburg	9+15	Bayern
14	*Spezifische Kenndaten in Bayern für 1971 in t SKE/Einwohner*							
	Anzahl Bevölkerung	371386	1143137	1514523	711186	389493	1100679	
	Gesamtenergieverbrauch	2,35	2,52	2,48	2,98	2,45	2,79	
	Industrie	0,48	0,50	0,50	1,06	0,60	0,90	
	Haushalte und Kleinverbraucher	1,14	1,34	1,29	1,28	1,17	1,24	
	Stromverbrauch	0,19	0,26	0,24	0,41	0,30	0,37	
103	*Struktur des Stromverbrauchs in Bayern 1971 in Mio. kWh und in %*							
	insgesamt	571 2,0	2419 8,4	2990 10,4	2392 8,3	837 2,9	3230 11,2	28749 100
	Industrie	195 1,2	1067 6,6	1262 7,8	1574 9,7	390 2,4	1964 12,1	16243 100
	Haushalte und Kleinverbraucher	376 3,0	1352 10,8	1728 13,8	819 6,5	447 3,6	1266 10,1	12506 100
	davon Haushalte	191 3,1	720 11,7	911 14,8	425 6,9	227 3,7	652 10,6	6154 100
	Stromverbrauch 1971 in kWh pro Einwohner und Jahr (103 Zeile 1):(14 Zeile 1)							
	insgesamt	1537	2116	1974	3364	2152	2934	2667
	für Industrie	525	933	833	2214	1002	1784	1507
	Stromverbrauch 1971 pro Haushalt bzw. Wohnung 1973 (aus Beilage 12, Spalte 1) in kWh/Jahr							
	Haushalte kWh/Jahr	1610	1734	1707	1769	1802	1779	1706
126 Tab. 35	*Spezifische Kenndaten für die Verteilernetze*					Bayerische Elt.-Werke	BRD	Bayern
	Leitungslänge km	FÜW	12092	FÜW	LEW 13107	1780	787192	186500
	Versorgungsgebiet Σ km²		7428		5640	1387	248571	70550
	nutzbare Abgabe GWh 1971		1738		3550	323	325729	52921
	Leitungsdichte m/km²		1628		2324	1283	3167	2388
	nutzbare Abgabe je m Leitungslänge kWh/m		144		271	182	414	314
145	*Bevölkerungsdichte in den Versorgungsgebieten in Bayern* in 15 Regionalversorgungsunternehmen 1971 bei 99 Einw./km², Grenzen ÜW Coburg 239, ÜW Rhön 70 E/km² in 200 Lokalunternehmen im Durchschnitt 600 E/km², Grenzen 3919 E/km² Stadtwerke München, 29 E/km² Elektrizitätswerk Mühlhausen davon 121 Kommunalunternehmen im Durchschnitt 995 E/km² lokale Versorgungsunternehmen im Durchschnitt 145 E/km²							
148	*Verteilungsnetze, Längen pro Tarifnehmer* in Regionalversorgungsunternehmen 38 m mit Schwankung 49 m bei OBAG, bis 13 m bei Überlandwerke Coburg im Kommunalbereich 11 m mit Schwankung (100 bis) 40 m bei OBAG, bis 6 m bei Stadtwerke München							
149	*Auslastung der Übertragungsanlagen 1971* je m Niederspannungsleitung: regional 74 kWh/Tarifnehmer (Mittel und Niederspannung 46); kommunal 217 kWh (148 kWh/Tarifnehmer)							

Beilage 33

Durchschnittsstrompreise (netto ohne MwSt. und nach 1974 ohne Ausgleichsabgabe) in Pf/kWh

Quelle	Strompreis für		Region 8+7 FÜW	Region 9+15 LEW	Bayern Grenzen Max.	Bayern Grenzen Min.
[8]	*Sonderabnehmer*					
	100 kW/1600 h	1971	15,83	14,36	16,41	12,46
		1973	16,83	14,47	16,83	14,47
S.160	1000 kW/4000 h	1971	9,48	8,17	9,57	8,13
T.45		1973	10,06	8,25	10,12	8,25
	4000 kW/6300 h	1971	–	6,18	7,99	6,18
		1973	7,90	6,25	8,24	5,81
[8]	*Haushaltsabnehmer*	1972				
S.164	im Monat 100 kWh		16,95	16,20	17,00	13,40
T.46	im Monat 250 kWh		12,78	11,34	12,80	11,34
	im Monat 400 kWh		11,18	9,53	11,33	9,53
[8]	*Gewerbelichttarif*	1972				
S.166	200 kWh, 1000 W			19,90	22,50	14,63
T.47	200 kWh, 10 Raumeinheiten		17,23			
[8]	*Gewerbekrafttarif*	1972				
S.168	6 kW/ 600 kWh		18,37	17,70	18,57	15,10
T.48	10 kW/1500 kWh		15,48	14,72	15,61	13,26
	20 kW/5000 kWh		13,24	12,40	13,32	11,56
	Landwirtschaftstarif	1972				
S.169	monatl. Verbrauch von 125 kWh		22,24	20,36	22,24	19,92
T.49	monatl. Verbrauch von 400 kWh		13.83	11,85	13,83	11,85
[8]	*Schwachlasttarife* 1972				5,0	3,5
S.170	Nachtstrom		4,1	3,8		
[12]	*Durchschnittserlöse der öffentlichen Stromversorgung in der Bundesrepublik Deutschland:* Minimum 1969 9,0; 1975 12,0; 1980 13,5; 1985 16,5 Pf/kWh					
[13] S.6 und S.33	Anzahl *Tarifkunden* *Arbeitspreise* Grundpreis I *Arbeitspreise* Grundpreis II Kleinverbrauchstarif Schwachlasttarif		FÜW 198018 13,5 10,5 48 7,8	LEW 204750 11,5 8,5 37 6	Juli 1975	
[14] zu LEW S.39	*Arbeitspreise* Grundpreis I *Arbeitspreise* Grundpreis II Kleinverbrauchstarif Schwachlasttarif		FÜW 13,5 (wie oben) 10,5 48 7,8	LEW 12,5 9,5 40 7	Juli 1976	

Fortsetzung zu Beilage 33

Quelle	Strompreis für			FÜW	LEW	Grenzen im Bundesgebiet	
						Max.	Min.
[15]	*Strompreisvergleich I/76*						
	Bezug Mio. kWh/a, Leistung. P Ben.-Dauer h/a						
	0,125	100 kW	1250	24,1	21,3	27,0	16,9
	0,160	100 kW	1600	21,0	18,7	23,7	16,4
	0,250	100 kW	2500	16,9	15,2	19,1	13,8
	0,500	250 kW	2000	18,4	16,2	19,5	14,6
	0,625	250 kW	2500	16,5	14,6	17,3	13,7
	0,7875	250 kW	3150	14,9	13,1	15,4	12,3
	1,00	500 kW	2000	18,1	16,0	19,2	14,2
	2,00	500 kW	4000	13,1	11,2	13,9	10,7
	5,00	1000 kW	5000	11,3	9,8	12,7	9,1
	16,0	4000 kW	4000	11,8	10,2	13,2	9,4
	25,2	4000 kW	6300	9,5	8,3	11,4	7,4
	Dazu 4,5% Ausgleichsabgabe im Mittel fallend von 1,0 auf 0,4 Pf/kWh (genannt „Kohlepfennig")						
[16]	*Strompreisvergleich I/77*						
	Bezug Mio. kWh/a, Leistung. P Ben.-Dauer h/a						
	0,125	100 kW	1250	24,1	21,3	27,5	16,9
	0,160	100 kW	1600	21,0	18,7	23,7	16,4
	0,250	100 kW	2500	16,9	15,2	19,1	13,8
	0,500	250 kW	2000	18,4	16,2	19,5	14,6
	0,625	250 kW	2500	16,5	14,6	17,3	13,8
	0,7875	250 kW	3150	14,9	13,1	15,4	12,3
	1,00	500 kW	2000	18,1	16,0	19,2	14,2
	2,00	500 kW	4000	13,1	11,2	13,9	10,7
	5,00	1000 kW	5000	11,3	9,8	12,7	9,1
	16,0	4000 kW	4000	11,8	10,2	13,2	9,4
	25,2	4000 kW	6300	9,5	8,3	11,4	7,4
	Dazu 4,5% Ausgleichsabgabe im Mittel fallend von 1,0 auf 0,4 Pf/kWh („Kohlepfennig", auch für nächste 10 Jahre)						
[17]	Netzkostenbeiträge			89 DM/kW			
	von Anschlußkosten-				keine		
	beiträgen EVU			25%	Angaben		
	ab Anschluß 1000 kW			83 DM/kW			

Quelle	Strompreis für	Pf/kWh	Max.	Min.
[18]	*Durchschnittserlöse der öffentlichen Stromversorgung 1975*			
S. 41	Sonderabnehmer	9,4	9,4	6,9 (1970)
	Tarifnehmer	15,9	15,9	12,3 (1971)
	Letztverbraucher	12,2	12,2	9,1 (1970)
[18]	*Durchschnittserlöse nach Wirtschaftsgebieten 1975 in Bayern*			
S. 41	Sonderabnehmer	10,3	11,1 Bd.-W.	8,0 NRW
	Tarifnehmer	17,9	17,9 Bay.	14,2 NRW
	(Haushalte mit MwSt.)	(18,0)	(18,0 Bay.)	(13,9 NRW)
	insgesamt	13,7	13,7 Bay.	10,3 NRW

Forschungs- und Sitzungsberichte
der Akademie für Raumforschung und Landesplanung

Band 119:

15. Wissenschaftliche Plenarsitzung

Aus dem Inhalt:

		Seite
	Zum Geleit:	1
Hans-Gerhart Niemeier:	Eröffnung und Begrüßung	3
Heinrich Holkenbrink:	Begrüßung namens des Landes Rheinland-Pfalz	5
Kurt Schneider:	Begrüßung namens der gastgebenden Stadt	8
Hans Pflaumer:	Begrüßung namens des Bundesministers für Raumordnung, Bauwesen und Städtebau	10
Edwin von Böventer, Referat:	Raumordnungspolitik unter veränderten wirtschaftspolitischen Bedingungen in der Bundesrepublik Deutschland	11
Fritz W. Scharpf, Referat:	Politische Bedingungen der Wirksamkeit raumordnerischer Steuerungsinstrumente	25
Hans-Gerhart Niemeier, Referat:	Standort und Stellenwert der Raumordnung – Rechtliche Bedingungen	39
Karl Oettle:	Schlußwort	49
	Diskussionsbericht	52

Der gesamte Band umfaßt 55 Seiten; Format DIN B 5; 1977; Preis 24.– DM

Auslieferung

HERMANN SCHROEDEL VERLAG KG · HANNOVER

Forschungs- und Sitzungsberichte
der Akademie für Raumforschung und Landesplanung

Band 120:

Verkehrstarife als raumordnungspolitisches Mittel

Aus dem Inhalt:

Karl Oettle, München	Elemente von Personenverkehrstarifen	3
Kurt Kodal, St. Augustin	Rechtsgrundlagen und rechtliche Schranken einer Tarifpolitik als raumordnungspolitische Mittel	17
Klaus M. Medert, Bonn	Personenverkehrstarife der Eisenbahnen und des öffentlichen Nahverkehrs	31
Gerhard Isenberg, Bonn	Tarife und Distanzaufwand im Güter- und Personenverkehr als Einflußgrößen für Siedlungsstruktur und Ballungstendenzen	49
Gabriele Winterholler, München	Personen- und Gütertarife im Luftverkehr	67
Wilhelm L. Schneider, München	Raumordnung und Gütertarife, insbesondere im Schienenverkehr	81
Franz J. Schroiff, Dortmund	Die Tarife der Binnenschiffahrt und ihre raumordnende Wirkung	111
Paul Helfrich, Gräfelfing	Tarife im gewerblichen Güterfern- und Nahverkehr unter Berücksichtigung des Werkverkehrs	131
Franz J. Schroiff, Dortmund	Gütertarifpolitik als Mittel der Raumordnung	163
Hans Horak, Stuttgart	Transportkosten und Standortwahl aus betrieblicher Sicht	181
Gerhard Isenberg, Bonn	Empfindlichkeit von Industriegebieten gegenüber geldlichem und zeitlichem Aufwand im Verkehr ...	193
Heinrich Hunke, Hannover	Zur Finanzierung tarifär bedingter Difizite im Verkehr	201
Heinz Richard Watermann, Straßburg	Tarifpolitische Vorschläge und Maßnahmen zur Verwirklichung der gemeinsamen Verkehrspolitik der Europäischen Gemeinschaften	229
Karl Oettle, München	Die Funktionen der Tarifpolitik innerhalb der verkehrlichen Absatz- oder Angebotspolitik	299

Der gesamte Band umfaßt 317 Seiten; Format DIN B 5; 1977; Preis 44.– DM

Auslieferung

HERMANN SCHROEDEL VERLAG KG · HANNOVER